PETITS CLASSIQUES

LAROUSSE

Collection fondée par Félix Guirand, Agrégé des Lettres

Andromaque

RACINE

D1347803

tragédie

Édition présentée,
annotée et commentée
par
Alain VIALA
Professeur à la Sorbonne-Nouvelle
et Chaire d'Études Françaises à Oxford

www.petitsclassiques.com

© Larousse-Bordas, Paris, 1998 - ISBN 2-03-871680-3

SOMMAIRE

Avant d'aborder le texte

Andromaque

Genre : tragédie en vers

Auteur : Racine

Structure : 5 actes

> **Actes** : division de la pièce en séquences formant un tout, où les faits représentés se suivent sans interruption de temps ni de lieu. Un acte se divise en **scènes**, définies par les changements de personnages présents ensemble. Ce découpage des tragédies en cinq actes est constant aux XVIIᵉ et XVIIIᵉ siècles.

Principaux personnages : Pyrrhus, roi d'Épire, fils d'Achille. Andromaque, veuve d'Hector, prince de Troie tué par Achille. Hermione, princesse grecque, fiancée de Pyrrhus. Oreste, prince grec, cousin et amoureux d'Hermione.

Première représentation : le 17 novembre 1667, à la Cour, dans l'appartement de la reine. Elle fut ensuite jouée « à la Ville » (Paris) au Théâtre de l'Hôtel de Bourgogne, dont la troupe était dite des « Comédiens du Roi ». L'actrice Thérèse de Gorle, dite la Marquise Du Parc, qui avait été la vedette de la troupe de Molière, avait changé de troupe et était devenue la maîtresse de Racine : elle jouait le rôle-titre. Le public, de Cour puis de Ville, fut enthousiaste. On pleurait beaucoup à ce spectacle. Le succès, triomphal, fut dit-on le plus grand qu'on ait vu depuis *Le Cid*.

> **Tragédie** : avant tout, il s'agit d'une pièce de théâtre. Donc de la représentation d'une action par le moyen de personnages qui agissent et dialoguent. Selon la tradition classique, elle se définit à partir de trois éléments : l'effet qu'elle vise (le *tèlos*), l'histoire qu'elle retrace (le *mythos*) et les « caractères » ou types de personnages qu'elle met en jeu (l'*ethos*). L'effet est triste : on assiste à des événements malheureux. L'histoire est celle d'une crise : en un temps court (une journée), des décisions sont prises qui provoquent ces événements malheureux. Les personnages sont illustres (rois, reines, princes…) et ne doivent être « ni tout à fait bons ni tout à fait

méchants » (Racine, citant Aristote). L'ensemble doit produire de la pitié ou compassion, pour les personnages qui souffrent, et de la peur ou terreur, devant leurs violences. En éprouvant ces émotions fortes devant une tragédie, les spectateurs devaient, selon Aristote et les auteurs du XVIIᵉ siècle qui suivent sa théorie, pouvoir les éprouver moins violemment dans la réalité de leur vie ; ils en étaient ainsi « purgés », ce qui correspond au mot grec *catharsis*. On attribuait donc au genre tragique un plaisir de tristesse et une utilité de modération des passions humaines grâce à ce défoulement que le spectacle permettait.

Lutte entre Achille et Hector. Vase attique du Vᵉ siècle av. J.-C. Musée étrusque du Vatican, Rome.

JEAN
RACINE
(1639-1699)

1639

Naissance de Jean Racine à la Ferté-Milon (aujourd'hui : départe-
ment de l'Aisne). Famille de petite bourgeoisie honorable
(selon les critères de l'époque), mais son père est loin d'être riche.

1641

Mort de sa mère.

1643

Mort de son père. L'enfant est recueilli par ses grands-
parents paternels.

1649

Mort du grand-père paternel. La grand-mère se retire au
couvent de Port-Royal (dans la vallée de Chevreuse, près de
Paris), foyer du jansénisme. Les « Solitaires », jansénistes
savants qui tiennent des « Petites Écoles » près du couvent
de Port-Royal, recueillent par charité le petit Racine.

1649-1658

Éducation à Port-Royal. Quand les « Petites Écoles » sont
fermées en 1656-1657 (l'Église et le gouvernement condamnent le jansénisme), Racine, qui n'a où aller, reste auprès de
ses maîtres et reçoit des leçons individuelles.

1657-1658

Classe de « philosophie » au collège d'Harcourt, à Paris,
dont le principal est lié aux jansénistes.

1659

Début dans le milieu littéraire ; rencontre de La Fontaine (un de ses cousins est parent avec ce poète). Composition d'un sonnet (perdu) à Mazarin sur la Paix des Pyrénées.

1660

Proposition d'une tragédie intitulée *Amasie* à la troupe du théâtre du Marais ; refusée. Première œuvre diffusée : une ode sur le mariage du roi, *La Nymphe de la Seine à la Reine*.

1662

Nouvel échec dans un projet théâtral. Séjour à Uzès : un de ses oncles y est chanoine, et il espère avoir un « bénéfice ».

1663

Retour à Paris (sans bénéfice). Donne deux odes : *Sur la convalescence du roi* (Louis XIV ayant été malade), puis (parce qu'on lui a promis une gratification) *La Renommée aux Muses*.

1664

Création le 20 juin par la troupe de Molière de *La Thébaïde ou les Frères ennemis*, première tragédie de Racine. La première liste des gens de lettres gratifiés paraît : Racine y figure.

1665

Alexandre le Grand, tragédie, créée le 4 décembre par la troupe de Molière puis jouée aussi, à partir du 18 décembre, par la troupe concurrente de l'Hôtel de Bourgogne. Premier succès.

1666

À l'occasion d'une querelle sur la moralité du théâtre, Racine polémique contre ses anciens maîtres de Port-Royal, notamment Pierre Nicole : *Lettres à l'auteur des hérésies imaginaires* (n'ont circulé alors qu'en manuscrit).

1667

Andromaque. Grand succès.

1668

Polémique autour d'*Andromaque*, les admirateurs de Corneille attaquent Racine : Subligny compose *La Folle Querelle*, que Molière joue ; Saint-Évremond donne une *Dissertation sur le Grand Alexandre*, qui est défavorable à Racine. En novembre, Racine crée *Les Plaideurs*, comédie (la seule) ; faible succès.

1669

Création de *Britannicus*. Mauvais succès.

1670

Création de *Bérénice*. Triomphe. La troupe de Molière donne, une semaine plus tard, *Tite et Bérénice* de Corneille, qui n'obtient pas le même succès.

1672

Bajazet. Bon succès.

Racine est élu à l'Académie française.

1673

Mithridate. Succès. Critiques contre Racine.

1674

Création d'*Iphigénie* à Versailles, le 18 août, dans le cadre des fêtes qui célèbrent la conquête de la Franche-Comté. Grand succès. Racine obtient une charge de Trésorier de France (qui vaut noblesse de robe). Il est aussi l'écrivain le mieux traité par le mécénat royal.

1676

Édition collective de ses *Œuvres* ; il a revu les textes et préfaces.

1677

Création de *Phèdre* (sous le titre de *Phèdre et Hippolyte*), le 1er janvier. Succès, mais critiques virulentes et création d'une *Phèdre* concurrente par Pradon.

Racine se marie (il aura deux fils et cinq filles).

À l'automne, le roi donne à Racine et Boileau charge d'être ses historiographes.

1679

Il se réconcilie avec les jansénistes.

Dans l'affaire des Poisons (accusation d'empoisonnements impliquant de très hauts personnages), Racine est un moment soupçonné d'avoir empoisonné la Marquise Du Parc, qui avait été sa maîtresse.

1669-1699

Racine est écrivain de Cour. Il ne cesse de s'intéresser au théâtre : il donne plusieurs éditions collectives de ses pièces, en compose d'autres. Il est occupé par sa charge d'historiographe : cette fonction était alors regardée comme le sommet de la carrière littéraire.

1683

Idylle sur la Paix (petite pièce chantée, créée au château de Colbert, à Sceaux).

1687

Deuxième édition collective de ses *Œuvres*.

1689

Esther, créée à l'école de Saint-Cyr par les élèves, jeunes filles nobles et pauvres que Mme de Maintenon, favorite de Louis XIV, avait entrepris d'éduquer, et pour qui elle avait commandé cette tragédie édifiante et chrétienne. Succès devant la Cour (mais la pièce n'est pas jouée hors de Saint-Cyr).

1690

Charge de gentilhomme ordinaire de la Chambre du Roi, sommet de sa carrière sociale.

1691

Athalie, à Saint-Cyr. Le roi interdit les représentations publiques.

1690-1697

Dans cette période, Racine intrigue pour aider au retour en grâce des jansénistes ; il compose — date exacte inconnue — un *Abrégé de l'histoire de Port-Royal* qui lui vaut un moment de se sentir mal vu par le roi. Il compose aussi des poésies chrétiennes. Il donne en 1697 une troisième édition collective de ses *Œuvres*.

1699

Il meurt à Paris, le 21 avril. Il est inhumé, selon son testament, à Port-Royal, près d'un de ses anciens maîtres, M. Hamon.

CONTEXTES

Andromaque a été représentée pour la première fois le 17 novembre 1667 à la Cour, dans l'appartement de la reine, et a eu tout de suite un grand succès : on applaudissait beaucoup, et on pleurait beaucoup ; on applaudissait pour avoir pleuré. Qu'est-ce que cela apprend sur la place du théâtre en général, et de cette pièce en particulier, au moment de sa création ?

Théâtre et politique au XVIIᵉ siècle

Le théâtre est une forme artistique et littéraire particulièrement en vogue aux XVIIᵉ et XVIIIᵉ siècles. Après la période sombre des longues guerres de Religion, puis de la guerre de Trente Ans, que la France a gagnée contre l'Espagne, et de la guerre civile dite de La Fronde (1649-1652), la vie sociale et culturelle est en essor. Une part plus large de la population accède à une culture écrite. Cette part reste toutefois restreinte : sur les vingt millions d'habitants — en chiffres ronds — que compte alors le royaume, les trois quarts sont illettrés. Mais elle s'accroît : les bourgeois, qui s'occupent du commerce et de l'administration, et surtout les nobles, qui jusque-là se souciaient plus de savoir combattre que de préoccupations intellectuelles, font de plus en plus éduquer leurs enfants. Plus instruits, les jeunes nobles ne sont pas pour autant des lecteurs impénitents. De plus, les femmes de ces classes sociales ne recevaient qu'une instruction limitée.

Il y avait donc un nouveau public élargi, mais les grands genres « écrits » présentaient un attrait moindre que le théâtre. Car celui-ci offre un accès immédiat, puisqu'il est spectacle et qu'il ne requiert pas l'effort premier de la lecture. Son succès s'affirme alors à Paris : il n'y avait aucune troupe permanente au début du XVIIᵉ siècle ; il s'en crée trois, et trois salles spécialisées. Puis, en 1680, ce sera la consécration officielle avec la création de la Comédie-Française par décision royale.

Car le gouvernement monarchique s'intéresse au théâtre. C'est pour lui un moyen de plaisir et de propagande à la fois : les spectacles théâtraux peuvent faire partie des fêtes de Cour. Et c'est en même temps un moyen de prestige : une grande tragédie montre que le divertissement a une dimension sérieuse. Cet intérêt pour le théâtre entre dans le cadre d'une politique culturelle d'ensemble. La création de l'Académie française (1635), puis de l'Académie de peinture (1648), puis de l'Académie des sciences (1666), en est un signe. L'organisation d'un mécénat, qui donne des gratifications aux écrivains, aux savants et aux artistes, en est un autre. Les gouvernements successifs soutiennent le théâtre, en subventionnant des troupes, des salles, des auteurs, en commandant des pièces. Le mécénat est particulièrement développé par Richelieu, sous Louis XIII, puis par Louis XIV et son principal ministre, Colbert : des listes de gratifiés sont établies chaque année à partir de 1664, et Racine en fait partie.

Pour toutes ces raisons, la tragédie occupe une place remarquable dans les pratiques culturelles de l'époque. On considérait alors que les genres les plus nobles étaient l'Histoire, la grande éloquence religieuse, la poésie religieuse, et l'épopée. Parmi les genres de la fiction, l'épopée est donc le plus prestigieux, mais n'obtient pas de francs succès (et le roman, qui se développe, est encore très peu estimé) ; tandis que le théâtre, qui a un prestige moindre en théorie, allie l'estime des théoriciens et le succès auprès du public.

Parmi les genres dramatiques, la poétique de l'époque classait les pièces de façon claire, selon le rang des personnages et le type d'histoire représentée : des événements sérieux et des personnages royaux ou princiers définissaient la tragédie ; des personnages de rang moyen — nobles ou bourgeois — et des sujets touchant à la vie ordinaire, la comédie ; enfin des personnages issus du peuple et des situations bouffonnes, la farce. La farce était considérée comme une occasion de se détendre, sans prétention. La comédie devait contribuer à corriger les défauts dans les mœurs en faisant rire des travers sociaux. La tragédie, en suscitant des émotions tristes, touchait aux questions politiques majeures (si un roi meurt ou devient fou, tout le royaume est concerné) et aux angoisses humaines profondes : elle était donc le genre qui unissait le « sérieux » (du sujet, du ton, de l'enjeu) et le succès. Aussi elle apparaît comme la forme littéraire la plus en vue à cette époque.

Littérature et galanterie

Après la Fronde, dans les années 1650 et 1660, la vie culturelle et notamment théâtrale est très active. Les années 1660 marquent un moment d'expansion pour la France. Le roi Louis XIV est jeune (il est né en 1639), le royaume est calme, et réorganisé après la guerre civile. En politique extérieure, il n'y a pas de guerre en cours, et le traité des Pyrénées (1659), conclu avec l'Espagne pour mettre fin à la guerre de Trente Ans, a consacré le prestige de la France, devenue la grande puissance d'Europe.

Un courant de sensibilité et d'esthétique est alors dominant : la galanterie. Il s'agit d'une esthétique des mondains aisés, et en particulier de la Cour. Elle recherche le plaisir distingué, le jeu d'esprit, le raffinement. La poésie, le roman, le genre épistolaire s'y adaptent bien. Mais les genres dramatiques en sont marqués aussi. On voit alors prendre son essor un genre comme la comédie-ballet : il consiste à retracer une histoire d'amour gaie et drôle, en l'accompagnant de musiques et de danses, souvent dans un registre sentimental, parfois dans le féérique, toujours dans la fantaisie. *Le Bourgeois gentilhomme* et *Le Malade imaginaire* sont des exemples célèbres de comédies-ballets à grand succès de Molière, qui fut le grand spécialiste de ce genre.

La galanterie semble convenir assez mal à un genre comme la tragédie. Le sujet et le ton sérieux, le dénouement sombre ne procurent guère d'occasions de jeux d'esprit... Et pourtant, quand un critique comme le père Rapin, qui fut un des théoriciens influents de la littérature à cette époque, et qui représentait la puissante confrérie des jésuites, réfléchit sur le genre tragique, il déplore qu'en France et en son temps il soit devenu très « galant » (*Réflexions sur la Poétique d'Aristote*, 1674)… C'est que la tragédie mettait en scène des histoires d'amour, de passion poussée à son paroxysme et qui provoque la « catastrophe ».

Dans les années 1660 fleurissent des « tragédies à machines » (Corneille entre autres en écrit), volontiers sentimentales, et toujours à grand spectacle, avec des effets de scène surprenants (les « machines ») : des dieux descendent du ciel, des héros s'envolent, etc. L'opéra, qui se développe en France à partir de 1670, est en grande partie héritier des spectacles mixtes de la comédie-ballet et des tragédies à machines. Des auteurs qui ont alors des succès éclatants, Quinault et Thomas Corneille (frère de Pierre, qui s'y adonne lui aussi d'ailleurs), écrivent des tragédies de ton galant. Les mêmes deviennent ensuite des auteurs de livrets d'opéra.

L'itinéraire littéraire de Racine

Racine a subi l'influence de la galanterie. Jeune homme pauvre, il a reçu, grâce à la charité dont les jansénistes de Port-Royal ont fait preuve envers lui, une éducation extrêmement poussée, très supérieure à la moyenne de son temps. Très instruit, et doué, mais sans emploi ni « condition » ni ressources de fortune personnelle, il s'est tourné vers la littérature : il pouvait y investir ses qualités, en espérant que la vie culturelle en expansion et la politique mécénique lui donneraient l'occasion d'en tirer parti. Il a débuté par des poésies d'éloge pour le roi, qui lui ont valu d'accéder très vite à une gratification. Mais celle-ci ne suffisait pas pour vivre. Le théâtre, grâce au succès public, offrait des recettes plus élevées et une célébrité plus vaste ; et la tragédie était le genre qui permettait d'employer au mieux son savoir tout en profitant de ces circonstances favorables.

Racine commence sa carrière d'auteur dramatique avec une tragédie noire, *La Thébaïde ou les Frères ennemis*. Il y relate l'histoire des enfants d'Œdipe. Pour les crimes qu'il avait commis sans le vouloir (tuer son père et épouser sa mère sans savoir qui ils étaient), Œdipe avait dû abandonner le trône de

Thèbes. Il laissait deux fils jumeaux, qui se disputèrent sa succession. Dans la pièce de Racine, leur guerre entraîne leur mort, mais aussi celle de leur mère, de leur sœur Antigone, de leur oncle et de leurs cousins. Cette tragédie à grand massacre n'avait pas eu un grand succès. L'année suivante, Racine fut inspiré par une thématique tout à fait différente. La politique culturelle de propagande royale avait alors lancé une campagne sur le thème d'Alexandre le Grand. Une série de peintures et de tapisseries des Gobelins — on peut toujours les y voir —, sous la férule de Lebrun, peintre officiel du régime, retraçait les exploits de ce conquérant antique, en comparant implicitement le jeune Louis XIV à cet illustre devancier. Alexandre était réputé grand guerrier et grand amoureux : Racine donne en 1665 une tragédie intitulée *Alexandre le Grand* où l'on voit non pas les malheurs de ce prince, mais ceux des rois qui tentent de s'opposer à ses conquêtes ; qu'il mène, dit-on, par amour pour une belle princesse des Indes : ce qui lui fait conquérir la moitié de l'Orient, lui qui vient de Grèce, pour lui plaire et la rejoindre… La tragédie galante est présente chez Racine comme chez Quinault.

Vient *Andromaque*. Racine y reprend des éléments de galanterie. La chose était usuelle dans les romans faussement historiques comme ceux de Mlle de Scudéry : les personnages portaient les noms de héros du passé, les événements principaux correspondaient à des faits historiques, mais les écrivains inventaient les sentiments qu'ils prêtaient à leurs protagonistes à partir des mœurs du présent. Ainsi, on trouve dans *Andromaque* un procédé de la pastorale en vogue au XVIIe siècle, la chaîne d'amours non partagés : Oreste aime Hermione, qui ne l'aime pas mais aime Pyrrhus, qui ne l'aime pas mais aime Andromaque, qui ne l'aime pas mais aime Hector, qui est mort, tué par le père de Pyrrhus. La pièce contient aussi quantité de formules usuelles dans la rhétorique galante de l'époque. Ainsi, Pyrrhus dit qu'il est le prisonnier d'Andromaque, qu'il est « dans ses fers ». Mais on sait bien qu'en fait, c'est elle qui est sa prisonnière. Car dans *Andromaque*, la galanterie subit une métamorphose. Elle est présente dans les discours amoureux,

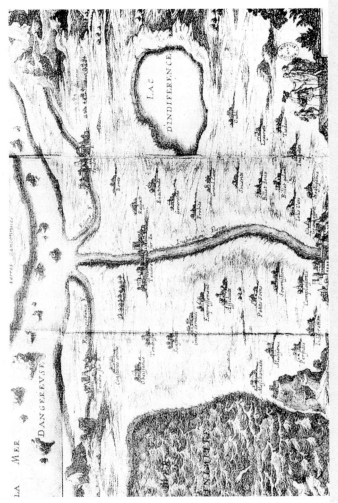

Carte du royaume de Tendre, *parue dans la* Clélie *de Mlle de Scudéry,
1654-1660. Bibliothèque nationale, Paris.*

alors que ceux-ci prennent place dans une situation dange-
reuse. Il y a alliage de la tonalité galante, des intrigues politiques
et des enjeux passionnels.

Au long de sa carrière théâtrale, Racine continuera de com-
biner ces divers aspects dans ses tragédies. Elles présentent
en général une situation où un roi (ou empereur, ou prince)
se laisse entraîner par ses pulsions : il en vient à négliger ses
obligations monarchiques pour satisfaire ses désirs, et
parfois met son pouvoir au service de ces derniers, comme
par exemple Néron dans *Britannicus*. De tels personnages
pervertissent ainsi la nature même du pouvoir monarchique,
où le roi devait, selon la doctrine de l'époque, être un
« père » pour ses sujets. Et d'autres, qui refusent de céder à
ces pulsions, comme Titus dans *Bérénice*, sont malheureux
et objets de compassion autant que d'admiration. *Phèdre*, en
revanche, montre à la fois un prince vertueux (Hippolyte),
une reine que ses passions emportent (Phèdre, seconde
épouse du père d'Hippolyte, qui cède au désir que lui inspire
ce dernier) et un roi (Thésée) qui, devant l'accusation fausse
d'inceste portée contre Hippolyte, se laisse guider par sa
colère et le condamne injustement : c'est un monde ravagé
par les pulsions qui est ainsi offert au spectateur. Et l'amour
galant, qui était fait de noblesse et de respect, y est montré
dans l'instant où il se transforme, sous les dehors du langage
élégant, en flux passionnel ravageur.

Les œuvres de Racine ont connu, pour la plupart, de grands
succès. Il a été considéré comme le rival, puis l'égal de
Corneille, qui était d'une génération plus âgée. Cette rivalité a suscité bien des polémiques. Et Racine, tout à sa carrière, a été lui-même un polémiste virulent. Il n'a pas hésité
au besoin à bousculer ceux qui l'avaient aidé pour avancer
sa réussite. Ainsi, en 1665, il fait scandale pour la création
d'*Alexandre le Grand* : la pièce est d'abord jouée par la
troupe de Molière, avec qui il avait passé contrat ; mais il a
aussi pris contact avec la troupe rivale, celle de l'Hôtel de
Bourgogne, et il lui donne la pièce. Pendant quelques jours
les deux troupes jouent donc la même tragédie, ce qui fait

tapage dans Paris. Molière renonce bientôt car le public préfère le style de jeu de l'autre troupe. Et Racine accède à la célébrité par le succès d'une pièce qui doit en partie sa notoriété à cette rivalité des troupes de théâtre.

Mais au fil de ses créations, et quoiqu'il ait été très discuté, il finit par être considéré comme le plus grand auteur de tragédies de son temps, et comme le modèle du genre. Et son habileté de carrière jointe à sa célébrité littéraire font qu'il devient historiographe du roi en 1677, avec son collègue et ami Boileau. Il ne cesse pas d'être écrivain pour autant : être historiographe du roi était considéré au contraire comme la forme la plus prestigieuse du couronnement littéraire. Il ne cesse pas non plus de s'intéresser au théâtre : mais les obligations de son nouveau statut font qu'il en écrit quand la Cour le lui commande. C'est ainsi qu'il crée *Esther* et *Athalie* à la demande de Mme de Maintenon, qui voulait des pièces à sujet chrétien pour les jeunes filles qu'elle avait entrepris d'éduquer. Et la souplesse du talent de Racine lui permet de réussir ces tragédies religieuses aussi bien que ses tragédies profanes.

La politique envahie par les passions est donc une caractéristique principale de la tragédie racinienne.

Mythe, histoire et tragédie au temps de Louis XIV : les leçons des genres

Racine prend ses sujets tantôt dans l'Histoire *(Alexandre le Grand, Britannicus, Bérénice...)*, et surtout dans l'histoire romaine, tantôt dans les mythes, et surtout dans les mythes grecs *(La Thébaïde, Andromaque, Phèdre...)*. Tous les auteurs de tragédies de ce temps agissaient de la même façon. À cette époque, la distinction entre les récits vrais (l'Histoire) et les récits fabuleux (les mythes) n'avait pas la rigueur que nous lui donnons — ou croyons lui donner ? — aujourd'hui. Dans les deux cas, la pratique culturelle consistait à chercher des leçons dans ces récits : l'histoire ou le mythe fournissaient des exemples de situations et de comportements dont les hommes modernes pouvaient s'inspirer pour trouver comment il était bon ou mauvais pour eux d'agir. Tel était l'usage dans les collèges, où les cours d'histoire avaient une visée morale — au sens large et premier du terme : tout ce qui concerne les façons d'agir. Si bien que l'on traitait alors de la même façon les mythes grecs et l'histoire romaine. L'usage en littérature, et aussi dans la vie mondaine des salons, était, couramment, d'envisager un sujet comme une « question » de morale sociale ou amoureuse. Une « question », ou un « cas », cela consistait à se demander si tel ou tel personnage avait bien ou mal fait en agissant de telle ou telle façon, quelle était la part d'éloges, d'excuses ou de blâmes qu'il pouvait mériter. Une pratique de l'esthétique galante, dans les romans de Mlle de Scudéry par exemple, était que, connaissant un fait historique ou mythique (par exemple, chez Racine, Titus, quand il est devenu empereur, a repoussé Bérénice qu'il aimait), on inventait des motifs intimes, psychologiques, plausibles aux comportements des personnages qui s'y étaient trouvés impliqués. L'œuvre littéraire prenait ainsi un retentissement plus large puisque le plaisir qu'elle pouvait donner était associé à une interrogation et une visée de formation morale du spectateur ou du lecteur.

Andromaque est ainsi riche de plusieurs questions sur les façons d'agir. L'une des plus flagrantes est celle de l'ambassade. La pièce montre Oreste, prince grec, envoyé par la confédération des rois grecs en ambassade auprès de Pyrrhus, leur allié qu'ils soupçonnent de trahison. Oreste a, personnellement, intérêt à ce que son ambassade échoue. En effet, il aime Hermione, fille de Ménélas roi de Sparte, qui l'a fiancée à Pyrrhus pour avoir l'alliance de celui-ci dans la guerre contre Troie ; si Pyrrhus trahit son alliance, Hermione ne pourra l'épouser, et Oreste aura ainsi une chance de pouvoir, lui, épouser Hermione. Aussi Oreste mène-t-il son ambassade en souhaitant qu'elle échoue, et finit par tuer Pyrrhus (et le meurtre d'un roi est considéré alors comme un des crimes les pires qui soient, à l'égal d'un parricide). L'image de l'ambassadeur qui ne respecte pas les devoirs de sa mission n'était pas une pure fiction au XVIIe siècle. On avait vu, sous le règne précédent, le duc de Buckingham, envoyé du royaume d'Angleterre auprès de la cour de France, courtiser la reine de France (Alexandre Dumas en a tiré, plus tard, le sujet des *Trois Mousquetaires*).

Une autre question sensible est celle de la guerre et de ses suites, de la possibilité de la paix et de la réconciliation entre les ennemis de la veille. Ainsi dans *Andromaque*, Pyrrhus a détruit Troie, mais il regrette les meurtres qu'il a dû accomplir pour cela. L'amour qu'il éprouve pour Andromaque, princesse troyenne devenue sa captive, symbolise le désir de paix et d'oubli, et donne à voir dramatiquement la question de la possibilité du pardon et de la réconciliation entre deux peuples qui se sont fait la guerre. Or après une guerre longue et pénible, la France et l'Espagne avaient conclu la paix, et le traité avait pris pour garantie le mariage de Louis XIV avec l'infante d'Espagne Marie-Thérèse.

Une autre question, encore plus cruciale peut-être, est celle du respect de la parole donnée : Pyrrhus a promis d'épouser Hermione et trahit sa parole ; trahison amoureuse, et politique tout à la fois, donc question galante pour l'aspect amoureux, et tragique pour les risques politiques...

Il ne s'agit en aucun cas de voir dans les personnages raciniens des personnages « à clef », c'est-à-dire des figures à peine déguisées de rois ou princes et princesses contemporains de l'auteur (auquel cas il aurait bien risqué d'être censuré au lieu d'être applaudi à la Cour). Mais il faut savoir que de telles « questions » étaient présentes dans l'esprit de chacun parmi les gens cultivés de l'époque, comme le registre galant y était aussi, en matière d'esthétique et de morale amoureuse : certains propos et certaines décisions des personnages prennent tout leur sens en fonction de ce contexte culturel.

Les passions et le théâtre à l'âge classique

La tragédie est affaire de passions avant tout. Affaire de passions d'abord dans le rapport entre le spectacle et le public : elle est faite pour émouvoir fortement (et le sens premier du mot *esthétique* renvoie à « ce qu'on ressent »). En effet, la poétique des Grecs anciens, puis celle de la période qu'on appelle en France l'âge classique, considère que c'est par des émotions partagées que les membres d'une société forgent leur communauté : le spectacle doit donc susciter des émotions qui soient à la fois communes, partagées et « utiles ». Ainsi, depuis la *Poétique* d'Aristote (IVe siècle avant J.-C.), qui est sans cesse relue et commentée au XVIIe siècle, on retient l'idée que la tragédie éveille avant tout les passions de la peur, ou terreur, et de la compassion, ou pitié. Ce peut être un personnage en particulier qui est l'objet de ces sentiments, mais ce peut être aussi la situation d'ensemble, ou tel ou tel épisode de la pièce, qui suscite plus fortement l'un ou l'autre. Que l'on songe que le dénouement d'une tragédie est souvent fait de morts, en tout cas toujours malheureux : il y a là, dans le principe, de quoi plaindre ceux qui meurent, donc éprouver de la pitié pour eux, et de quoi avoir peur de ce ou celui qui les fait mourir.

Mais que signifie *passions* ? Aujourd'hui, nous hésitons un peu à appeler la peur ou la pitié des « passions »… C'est que nous avons perdu le sens premier de ce mot. *Passion*, du latin *patior*, signifie « ce que l'on ressent, ce que l'on ressent fortement, ce dont on souffre » ; songez au terme de *patient* dans le langage médical : celui qui souffre. La passion est associée à l'idée de maladie : ainsi les « passions de l'âme » en français classique, cela désigne les troubles affectifs et psychologiques. Et quand Descartes écrit un *Traité des passions de l'âme* (1649), il prend une position qu'on considéra comme révolutionnaire en disant que les mouvements affectifs ne sont pas des maladies en soi. Mais pour la grande majorité des personnes, des siècles durant, les passions sont des troubles, des objets de souffrance. Et donc déstabilisent celui qui les éprouve. Dès lors, ne pas subir de passions, ou du moins ne pas subir de passion violente, excessive, devient un but non seulement de confort, mais de santé et de morale. Car si les passions déstabilisent celui qui les éprouve, elles entraînent par conséquent des comportements mal contrôlés, répréhensibles.

L'esthétique traditionnelle estimait qu'il convient de proposer des œuvres qui « touchent » (ou « plaisent »), qui donc s'adressent au plaisir, qui relève du domaine des passions, tout en instruisant, donc en visant l'équilibre psychologique et moral. Paradoxe ? La solution de la possible contradiction est de « plaire pour instruire », d'utiliser les passions pour atteindre un but d'édification (« édifier » signifie « construire » : il s'agit donc de construire la personnalité de chacun, et la communauté sociale).

Sur ces principes s'était établie l'idée de la *catharsis*. Une des façons d'éviter qu'un homme ne soit trop sensible aux passions consisterait à les lui faire éprouver dans une situation particulière, hors de l'action réelle, de manière à ce qu'il y soit moins sensible lors de ses actions dans la « vraie » vie. Et la catharsis caractérise le genre tragique.

Mais pour bien en comprendre la logique, il est bon de voir un peu plus ce qu'était la conception de l'homme (l'« anthropologie »), de l'Antiquité et jusqu'à l'âge classique. On considérait que l'homme était composé d'un corps et d'une âme. Idée simple. On estimait qu'il y a dans le corps humain des fluides, plus impalpables que le reste de l'organisme (les muscles, les os) et que le lien entre le corps et l'âme, l'influence de l'un sur l'autre, se faisait par l'intermédiaire de ces fluides. On pensait qu'il existait quatre fluides fondamentaux : le sang, la bile, la lymphe et la « bile noire ». On les appelait les *humeurs* (le mot persiste, et « bonne ou mauvaise humeur » a là son origine). Chacune avait ses propriétés distinctives. Le sang était une humeur chaude, active. La lymphe était une humeur froide, et lente, peu active (on l'appelait aussi le « sang-froid »). La bile était une humeur chaude mais instable. Et la bile noire ou *mélancolie*, que l'on croyait sécrétée par la rate (le pancréas), était une sorte de bile corrompue. Un individu idéalement équilibré devait avoir une dose égale de chacune de ces humeurs. Mais la chose est rare, quasi impossible : chacun, pensait-on, se caractérise par une humeur dominante. Et chacune de ces humeurs donne une tendance psychologique. Le sang est lié au courage, à l'audace, à l'esprit d'entreprendre ; la bile, à l'emportement, à la colère ; la lymphe, au calme, à la réserve, à la patience ; la mélancolie, enfin, à l'intelligence, l'imagination, la capacité de prévision. De ces quatre humeurs et quatre tendances, on passait ainsi à l'idée de dominantes morales. Et si la domination d'une humeur était trop forte, elle suscitait un déséquilibre dangereux, entraînait des défauts : du bon sang donne du courage, trop de sang fait de la témérité ; la bile est liée à la colère, donc au désir de justice, au refus de se laisser faire, mais trop de bile fait du désir emporté de vengeance ; la lymphe donne de l'indulgence, trop de lymphe, de la faiblesse ; la mélancolie donne de l'intelligence, de la pensée riche, de l'imagination, trop de mélancolie donne des visions, des hallucinations, des terreurs.

Cette conception était héritée de la culture grecque, où elle fondait toute une part de la médecine. Elle est largement présente au XVIIe siècle : par exemple *Le Misanthrope* de Molière est sous-titré *L'atrabilaire amoureux*…

Elle s'était combinée, au fil du temps, avec la conception chrétienne de l'homme. Selon celle-ci, l'homme disposait à l'origine de passions équilibrées : de passions, car il a un corps, et les passions sont dues à l'effet du corps sur l'âme, et que l'homme n'est pas un « pur esprit » comme Dieu ; mais équilibrées, car « Dieu créa l'homme à son image ». Mais le démon, jouant sur les passions, provoqua le péché originel, et la chute hors du paradis. Les passions concernaient toutes sortes de domaines. L'ambition était une passion, aussi bien que l'amour, la colère aussi, etc. Et trois sortes de passions avaient particulièrement provoqué la chute de l'homme, trois *libido* (désir) : le désir de pouvoir *(libido dominandi)*, le désir de posséder *(libido amandi)* et le désir de savoir *(libido sciendi)*. Le péché originel avait été suscité par la *libido sciendi*, le désir de savoir : dans la symbolique de la Genèse, le fruit défendu est le fruit de l'Arbre de la science. Mais toute libido qui est mise en mouvement agite aussi les autres : Ève, poussée par le démon, séduit Adam par sa *libido amandi* pour susciter sa *libido sciendi*… Donc les passions et tous leurs déséquilibres sont la malédiction de l'homme : s'il veut sauver son âme pour la vie éternelle, il doit, ici-bas, s'efforcer d'équilibrer ses passions — ce qui est le bon moyen d'échapper aux péchés. La logique des passions imprègne les façons de penser de ce temps.

Et imprègne l'esthétique, puisque celle-ci a à voir avec ce que l'on ressent. Une façon de contribuer à « édifier » les humains est de leur dire de se méfier des passions, et qu'il faut les modérer. Mais les discours de morale ne sont pas toujours bien écoutés… Une autre consiste à agir sur les passions, de façon à les modérer. La catharsis repose sur une idée en quelque sorte thérapeutique, médicale. On montre des situations qui agitent les passions du spectateur. Il les ressent fortement dans cette configuration illusoire, fictive. De ce fait, les énergies en excès sont brûlées, si l'on peut dire, sont défoulées dirions-nous aujourd'hui ; « évacuées » disaient les Anciens, ou encore « purgées », ce qui est le sens de *catharsis* en grec. Mais on ne peut purger toutes les passions, certaines sont moins accessibles que d'autres… Comme l'on est en situation fictive, on fait appel à l'imagination. Qui relève de l'humeur de *mélancolie* : donc on agira surtout, par le spectacle, sur les mouvements affectifs qui proviennent de cette humeur-là. Et parmi ces mouvements affectifs, deux sont surtout néfastes quand ils sont excessifs : l'imagination peut faire voir les choses pires qu'elles ne sont, donner des « terreurs » ; et elle peut affaiblir en donnant de la compassion excessive pour quelqu'un dont on imagine les souffrances ; au pire, on peut même imaginer que l'on va beaucoup souffrir, ou que l'on souffre plus que quiconque, être terrifié par les souffrances que l'on s'imagine, et s'apitoyer sur son propre sort. La pitié et la terreur font perdre le sens de la mesure, et elles sont liées à l'imagination, que l'on peut atteindre par la fiction : elles sont donc les deux « passions » que la tragédie vise à susciter pour les « défouler » (purger) afin que, sortant du théâtre après avoir vu une tragédie, l'homme soit mieux équilibré.

En cela réside une spécificité du théâtre. Il est spectacle : on *voit* des personnages parler, bouger, souffrir… L'imagination

(le fait de construire des images) est donc plus immédiatement saisie que par la lecture, où l'on n'a que des images
mentales. Le théâtre est donc particulièrement propre à
susciter une catharsis forte, effective... À aider à l'équilibre.
Aussi, quand le public d'*Andromaque* pleurait abondamment,
il faut y voir le signe qu'à l'époque on laissait davantage
s'exprimer ses émotions, mais aussi le sens du succès de la
pièce : si l'on pleure, c'est que l'on éprouve fortement de la
peur et de la pitié, que la catharsis est en action... Et que
l'auteur peut être vanté (ou se vanter) d'avoir ainsi donné à
ses spectateurs un plaisir fort, tout en contribuant à entretenir
chez eux un meilleur équilibre affectif et moral...

La genèse d'une pièce : un « cas »

« Équilibré » cela signifie « qui est dans la juste mesure ».
Car le danger est de perdre la mesure. D'être dans l'excès :
le péché originel de l'homme selon la tradition chrétienne
c'est d'avoir cédé à la libido, et d'avoir perdu la mesure,
l'équilibre affectif. En grec, la démesure ou le déséquilibre se
dit *ubris* (qu'il vaudrait mieux écrire *hybris*). Et l'hybris est
le propre des personnages tragiques.
Mais aujourd'hui, quand nous disons « passion », nous pen-
sons surtout à l'amour. À l'époque, on pensait qu'il y a deux
façons opposées d'aimer : le désir de posséder, de s'approprier
l'autre, de se faire plaisir en le faisant sien, c'est la *concupiscence* ; et à l'opposé la *bienveillance*, qui consiste, comme son nom
l'indique, à « vouloir le bien » de l'autre, qui est donc une
partie de la charité, qui est louable. Il y a des personnages qui
ont donc un amour excessivement concupiscent : une hybris
amoureuse. Et d'autres qui ont de la bienveillance, chez qui la
bienveillance l'emporte. Pour peu que les personnages de
concupiscence exercent un pouvoir sur les bienveillants, on peut
avoir de la terreur devant l'hybris du désir et de la pitié pour
ceux qui en sont victimes.
Appliquons ces données à une situation exemplaire. On
peut imaginer qu'un prince « sanguin », donc courageux,
téméraire, mais bouillonnant, soit amoureux. Il est prince, il

s'efforce de se maîtriser : il donne à son amour les formes distinguées de la galanterie. Mais son hybris concupiscente l'emporte, il s'impose à celle qu'il désire, de gré ou de force. Face à lui, la femme aimée est douce, elle est plutôt marquée par le « sang-froid » (la lymphe), ce qui fait contraste avec le sang « brûlant » de l'homme désirant, et elle se refuse. Et si cet homme a une épouse ou une fiancée, on peut imaginer que celle-ci soit de tempérament colérique (choléra : la bile) ; donc jalouse, violente quand elle estime qu'on aime une autre qu'elle et que c'est injuste. Et si advient un quatrième personnage qui soit, lui, dominé par la mélancolie, qui imagine que tout se tourne contre lui, et qu'il soit amoureux d'une de ces deux femmes... On obtient ainsi une pièce où chacune des humeurs dominantes est représentée, et où leur choc est inévitable. On peut compléter les données : puisqu'il y a deux sortes d'amour, la concupiscence et la bienveillance, il est aisé de concevoir que, si l'homme sanguin est concupiscent, la femme qu'il désire soit, elle, bienveillante, qu'elle se dévoue à ceux qu'elle aime, pour leur bien ; elle est bien-veillante, et quel amour, dans la nature humaine normale, veut plus de bien à ceux qui en sont l'objet que celui d'une mère pour ses enfants ? Elle peut donc avoir un enfant, que l'homme désirant menacera... La jalouse et le mélancolique, à l'évidence, seront eux aussi dans la concupiscence.

Si l'on peut imaginer cette configuration, on peut concevoir aussi que des sujets contenus dans les mythes ou l'Histoire soient d'autant plus intéressants qu'ils donnent matière à de telles situations.

Lisons *Andromaque*.

Vie	Œuvres
1639 Naissance de Racine.	
1649-1658 Racine élève des Petites Écoles des jansénistes à Port-Royal.	
1659 Débuts dans la vie mondaine et littéraire.	**1659** Sonnet à Mazarin sur la Paix des Pyrénées. **1660** Ode de *La Nymphe de la Seine à la Reine* en l'honneur du mariage du roi.
1661-1663 Séjour à Uzès, dans l'espoir d'un bénéfice ecclésiastique.	**1663** Odes *Sur la convalescence du roi*, puis de *La Renommée aux Muses*, sur son mécénat. **1664** *La Thébaïde ou les Frères ennemis*, tragédie. **1665** *Alexandre le Grand*, tragédie. **1666** Polémique des *Imaginaires* contre Port-Royal. **1667** *Andromaque*, tragédie. **1668** *Les Plaideurs*, comédie. **1669** *Britannicus*, tragédie. **1670** *Bérénice*, tragédie.
1672 Élection à l'Académie française.	**1672** *Bajazet*, tragédie. **1673** *Mithridate*, tragédie.

ÉVÉNEMENTS CULTURELS ET ARTISTIQUES	ÉVÉNEMENTS HISTORIQUES ET POLITIQUES
	1638 Naissance de Louis XIV.
1655-1659 Madeleine de Scudéry, *Clélie*, roman (galant).	**1649-1652** Guerre civile de La Fronde.
1659 Corneille, *Œdipe*, tragédie (après huit ans de silence). Molière, *Les Précieuses ridicules*, comédie (premier succès à Paris).	**1659** Paix des Pyrénées entre la France et l'Espagne (vaincue).
1661 Molière, *Les Fâcheux*, première comédie-ballet.	**1661** Mort de Mazarin. Disgrâce de Fouquet, ministre des Finances. Gouvernement personnel de Louis XIV, aidé de Colbert.
1665 Molière, après l'interdiction du *Tartuffe*, *Dom Juan* (interdit à son tour).	
1668 La Fontaine, *Fables* (1re partie).	**1668** Début des guerres de Louis XIV, en Franche-Comté contre l'Espagne et contre la Hollande.
1670 Mme de Villedieu, *Les Annales galantes*, roman.	
1673 Molière, *Le Malade imaginaire*, comédie-ballet. Mort de Molière sur scène en jouant cette pièce. Débuts de l'opéra.	**1672** Campagne militaire en Hollande.

VIE	ŒUVRES
1674 Charge de Trésorier de France (percepteur) à Moulins (où il ne va pas).	**1674** *Iphigénie*, tragédie.
	1676 Première édition collective de ses *Œuvres*.
1677 Nommé, avec Boileau, historiographe du roi. Mariage.	**1677** *Phèdre*, tragédie.
	1684 *Éloge historique du roi sur ses conquêtes*, essai historique.
	1687 *Hymnes* tirés du bréviaire romain, poésie religieuse. Seconde édition, revue, de ses *Œuvres*.
	1689 *Esther*, tragédie biblique.
1690 Charge de gentilhomme ordinaire du roi.	
	1691 *Athalie*, tragédie biblique.
	1694 *Les Cantiques spirituels*, poésie religieuse.
	1695 *Abrégé de l'histoire de Port-Royal*, essai historique (inédit).
	1697 Dernière édition revue par lui de ses *Œuvres complètes*.
1699 21 avril : mort de Racine ; enterré à Port-Royal selon la demande de son testament.	

ÉVÉNEMENTS CULTURELS ET ARTISTIQUES	ÉVÉNEMENTS HISTORIQUES ET POLITIQUES
1674 Boileau, *Art poétique*. Corneille, *Suréna*, tragédie (sa dernière pièce).	**1674** Seconde conquête de la Franche- Comté.
1678 Mme de Lafayette, *La Princesse de Clèves*, roman.	**1678** Début de la période de guerres incessantes de la France contre le reste de l'Europe. **1683** La Cour s'installe à demeure à Versailles. **1685** Révocation de l'édit de Nantes.
1687-1694 Querelle à l'Académie entre les Anciens et les Modernes (Racine est, avec Boileau, du côté des Anciens).	
1693-1699 Fénelon, *Les Aventures de Télémaque*, roman épique et politique (inédit jusqu'en 1699).	

Portrait de Racine.
Esquisse par son fils Louis (1692-1763), B.N., Paris.

Andromaque

RACINE

tragédie en vers

Représentée pour la première fois
le 17 novembre 1667

DÉDICACE

À Madame[1]

MADAME,

Ce n'est pas sans sujet que je mets votre illustre nom à la tête de cet ouvrage. Et de quel autre nom pourrais-je éblouir les yeux de mes lecteurs, que de celui dont mes spectateurs ont été si heureusement éblouis ? On savait que VOTRE ALTESSE ROYALE avait daigné prendre soin de la conduite de ma tragédie ; on savait que vous m'aviez prêté quelques-unes de vos lumières pour y ajouter de nouveaux ornements[2] ; on savait enfin que vous l'aviez honorée de quelques larmes dès la première lecture que je vous en fis. Pardonnez-moi, MADAME, si j'ose me vanter de cet heureux commencement de sa destinée. Il me console bien glorieusement de la dureté de ceux qui ne voudraient pas s'en laisser toucher. Je leur permets de condamner l'*Andromaque* tant qu'ils voudront, pourvu qu'il me soit permis d'appeler de toutes les subtilités de leur esprit au cœur de VOTRE ALTESSE ROYALE.

Mais, MADAME, ce n'est pas seulement du cœur[3] que vous jugez de la bonté d'un ouvrage, c'est avec une intelligence qu'aucune fausse lueur ne saurait tromper. Pouvons-nous mettre sur

---

1. **À Madame :** il s'agit d'Henriette d'Angleterre, épouse de Philippe d'Orléans, frère de Louis XIV. Elle était cultivée et aimait le théâtre. C'est elle qui suggéra à la reine d'organiser dans son appartement la première représentation d'*Andromaque*. Racine lui dédie sa pièce en remerciement.
2. **Ornements :** beautés (Racine suggère que la princesse l'a aidé de ses conseils, ce qui est un peu excessif).
3. **Du cœur :** avec le cœur.

la scène une histoire que vous ne possédiez[1] aussi bien que nous ? Pouvons-nous faire jouer une intrigue dont vous ne pénétriez tous les ressorts ? Et pouvons-nous concevoir des sentiments si nobles et si délicats qui ne soient infiniment au-dessous de la noblesse et de la délicatesse de vos pensées ?

On sait, MADAME, et VOTRE ALTESSE ROYALE a beau s'en cacher, que, dans ce haut degré de gloire où la Nature et la Fortune ont pris plaisir de vous élever, vous ne dédaignez pas cette gloire obscure que les gens de lettres s'étaient réservée. Et il semble que vous ayez voulu avoir autant d'avantage sur notre sexe, par les connaissances et par la solidité de votre esprit, que vous excellez dans le vôtre par toutes les grâces qui vous environnent. La cour vous regarde comme l'arbitre de tout ce qui se fait d'agréable. Et nous qui travaillons pour plaire au public, nous n'avons plus que faire de demander aux savants si nous travaillons selon les règles. La règle souveraine est de plaire à VOTRE ALTESSE ROYALE.

Voilà sans doute la moindre de vos excellentes qualités. Mais, MADAME, c'est la seule dont j'ai pu parler avec quelque connaissance ; les autres sont trop élevées au-dessus de moi. Je n'en puis parler sans les rabaisser par la faiblesse de mes pensées, et sans sortir de la profonde vénération avec laquelle je suis,

MADAME,
DE VOTRE ALTESSE ROYALE,

Le très humble, très obéissant,
et très fidèle serviteur,

RACINE.

---

1. **Possédiez** : connaissiez.

Première préface[1]

Virgile au troisième livre de *l'Énéide*[2] (c'est Énée qui parle) :

Littoraque Epiri legimus, portuque subimus
Chaonio, et celsam Buthroti ascendimus urbem...
Solemnes tum forte dapes et tristia dona...
Libabat cineri Andromache, Manesque vocabat
Hectoreum ad tumulum, viridi quem cespite inanem,
Et geminas, causam lacrymis, sacraverat aras...
Dejecit vultum, et demissa voce locuta est :
« O felix una ante alias Priameïa virgo,
Hostilem ad tumulum, Trojæ sub mœnibus altis,
Jussa mori, quæ sortitus non pertulit ullos,
Nec victoris heri tetigit captiva cubile !
Nos, patria incensa, diversa per æquora vectæ,
Stirpis Achilleæ fastus, juvenemque superbum,
Servitio enixæ, tulimus, qui deinde secutus
Ledæam Hermionem, Lacedæmoniosque hymenæos...
Ast illum, ereptæ magno inflammatus amore
Conjugis, et scelerum Furiis agitatus, Orestes
Excipit incautum, patriasque obtruncat ad aras. »

Voilà, en peu de vers, tout le sujet de cette tragédie. Voilà le lieu de la scène, l'action qui s'y passe, les quatre principaux acteurs[3], et même leurs caractères[4], excepté celui d'Hermione

---

1. **Première préface :** elle fut écrite en 1668. La pièce de Racine avait donné lieu, en même temps qu'à un grand succès, à des critiques. Racine réplique par cette préface à la fois ironique et mordante.
2. **L'Énéide :** vaste épopée (voir p. 203) inachevée du poète latin Virgile (70-19 av. J.-C.). Voir la traduction du passage qui suit p. 42.
3. **Acteurs :** personnages.
4. **Leurs caractères :** leurs façons de se comporter et leur situation (le mot n'a pas le sens plus étroitement psychologique qu'il a pris en français moderne).

dont la jalousie et les emportements sont assez marqués dans l'*Andromaque* d'Euripide[1].

Mais véritablement mes personnages sont si fameux dans l'Antiquité, que, pour peu qu'on la connaisse, on verra fort bien que je les ai rendus tels que les anciens poètes nous les ont donnés. Aussi n'ai-je pas pensé qu'il me fût permis de rien changer à leurs mœurs. Toute la liberté que j'ai prise, ç'a été d'adoucir un peu la férocité de Pyrrhus, que Sénèque[2], dans sa *Troade,* et Virgile, dans le second livre de *l'Énéide,* ont poussée beaucoup plus loin que je n'ai cru le devoir faire.

Encore s'est-il trouvé des gens qui se sont plaints qu'il s'emportât contre Andromaque, et qu'il voulût épouser une captive à quelque prix que ce fût. J'avoue qu'il n'est pas assez résigné à la volonté de sa maîtresse, et que Céladon[3] a mieux connu que lui le parfait amour. Mais que faire ? Pyrrhus n'avait pas lu nos romans. Il était violent de son naturel, et tous les héros ne sont pas faits pour être des Céladons.

Quoi qu'il en soit, le public m'a été trop favorable pour m'embarrasser du chagrin particulier de deux ou trois personnes qui voudraient qu'on réformât tous les héros de l'Antiquité pour en faire des héros parfaits. Je trouve leur intention fort bonne de vouloir qu'on ne mette sur la scène que des hommes impeccables mais je les prie de se souvenir que ce n'est point à moi de changer les règles du théâtre. Horace nous recommande de peindre Achille farouche, inexorable, violent, tel qu'il était, et tel qu'on dépeint son fils. Aristote, bien éloigné de nous demander des héros parfaits, veut au contraire que les personnages tragiques, c'est-à-dire ceux dont le malheur fait la catastrophe de la tragédie, ne soient ni tout à fait bons, ni tout à fait méchants. Il ne veut pas qu'ils soient extrêmement bons, parce que la punition d'un homme de bien exciterait plus l'indignation

---

1. **Euripide** : poète tragique grec (480-406 av. J.-C.).
2. **Sénèque** : philosophe latin (v. 2 av. J.-C. - 65 apr. J.-C.).
3. **Céladon** : héros du roman d'Honoré d'Urfé, *L'Astrée* (1607-1628), incarnant l'amoureux parfait, doux, fidèle, dévoué à sa maîtresse.

que la pitié du spectateur ; ni qu'ils soient méchants avec excès, parce qu'on n'a point pitié d'un scélérat. Il faut donc qu'ils aient une bonté médiocre, c'est-à-dire une vertu capable de faiblesse, et qu'ils tombent dans le malheur par quelque faute qui les fasse plaindre sans les faire détester.

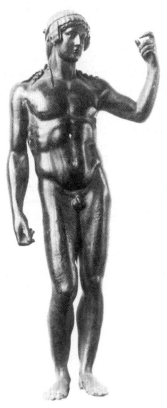

Achille.
Bronze antique. Musée du Louvre, Paris.

Seconde préface[1]

Virgile au troisième livre de *l'Énéide* (c'est Énée qui parle) :

Littoraque Epiri legimus, portuque subimus
Chaonio, et celsam Buthroti ascendimus urbem...
Solemnes tum forte dapes et tristia dona...
Libabat cineri Andromache, Manesque vocabat
Hectoreum ad tumulum, viridi quem cespite inanem,
Et geminas, causam lacrymis, sacraverat aras...
Dejecit vultum, et demissa voce locuta est :
« O felix una ante alias Priameïa virgo,
Hostilem ad tumulum, Trojæ sub mœnibus altis,
Jussa mori, quæ sortitus non pertulit ullos,
Nec victoris heri tetigit captiva cubile !
Nos, patria incensa, diversa per æquora vectæ,
Stirpis Achilleæ fastus, juvenemque superbum,
Servitio enixæ, tulimus, qui deinde secutus
Ledæam Hermionem, Lacedæmoniosque hymenæos...
Ast illum, ereptæ magno inflammatus amore
Conjugis, et scelerum Furiis agitatus, Orestes
Excipit incautum, patriasque obtruncat ad aras[2]. »

Voilà, en peu de vers, tout le sujet de cette tragédie, voilà le lieu de la scène, l'action qui s'y passe, les quatre principaux acteurs, et même leurs caractères, excepté celui d'Hermione dont la jalousie et les emportements sont assez marqués dans l'*Andromaque* d'Euripide.

---

1. Cette préface figure dans l'édition de ses *Œuvres complètes* que Racine donne en 1676. Il est alors au sommet de sa gloire, sûr de lui ; aussi, il enlève les passages polémiques, et, au contraire, discute en savant des modèles grecs et latins, et des libertés du poète.
2. Il s'agit du même extrait de *L'Énéide* que dans la première préface (voir la traduction p. 42).

C'est presque la seule chose que j'emprunte ici de cet auteur. Car, quoique ma tragédie porte le même nom que la sienne, le sujet en est cependant très différent. Andromaque, dans Euripide, craint pour la vie de Molossus, qui est un fils qu'elle a eu de Pyrrhus et qu'Hermione veut faire mourir avec sa mère. Mais ici il ne s'agit point de Molossus : Andromaque ne connaît point d'autre mari qu'Hector, ni d'autre fils qu'Astyanax. J'ai cru en cela me conformer à l'idée que nous avons maintenant de cette princesse. La plupart de ceux qui ont entendu parler d'Andromaque ne la connaissaient guère que pour la veuve d'Hector et pour la mère d'Astyanax. On ne croit point qu'elle doive aimer ni un autre mari, ni un autre fils ; et je doute que les larmes d'Andromaque eussent fait sur l'esprit de mes spectateurs l'impression qu'elles y ont faite, si elles avaient coulé pour un autre fils que celui qu'elle avait d'Hector.

Il est vrai que j'ai été obligé de faire vivre Astyanax un peu plus qu'il n'a vécu ; mais j'écris dans un pays où cette liberté ne pouvait pas être mal reçue. Car, sans parler de Ronsard[1], qui a choisi ce même Astyanax pour le héros de sa *Franciade,* qui ne sait que l'on fait descendre nos anciens rois de ce fils d'Hector, et que nos vieilles chroniques sauvent la vie à ce jeune prince, après la désolation de son pays, pour en faire le fondateur de notre monarchie ?

Combien Euripide a-t-il été plus hardi dans sa tragédie d'*Hélène !* Il y choque ouvertement la créance commune de toute la Grèce : il suppose qu'Hélène n'a jamais mis le pied dans Troie, et qu'après l'embrasement de cette ville, Ménélas trouve sa femme en Égypte, d'où elle n'était point partie ; tout cela fondé sur une opinion qui n'était reçue que parmi les Égyptiens, comme on le peut voir dans Hérodote.

Je ne crois pas que j'eusse besoin de cet exemple d'Euripide pour justifier le peu de liberté que j'ai prise. Car il y a bien de la différence entre détruire le principal fondement d'une fable et

---

1. **Ronsard :** poète français (1524-1585).

en altérer quelques incidents, qui changent presque de face dans toutes les mains qui les traitent. Ainsi Achille, selon la plupart des poètes, ne peut être blessé qu'au talon, quoique Homère le fasse blesser au bras, et ne le croie invulnérable en aucune partie de son corps. Ainsi Sophocle[1] fait mourir Jocaste aussitôt après la reconnaissance d'Œdipe ; tout au contraire d'Euripide qui la fait vivre jusqu'au combat et à la mort de ses deux fils. Et c'est à propos de quelques contrariétés de cette nature qu'un ancien commentateur de Sophocle[2] remarque fort bien « qu'il ne faut point s'amuser à chicaner les poètes pour quelques changements qu'ils ont pu faire dans la fable ; mais qu'il faut s'attacher à considérer l'excellent usage qu'ils ont fait de ces changements et la manière ingénieuse dont ils ont su accommoder la fable à leur sujet ».

---

1. **Sophocle :** poète tragique grec (v. 495-406 av. J.-C.).
2. Il s'agit de l'Allemand Camerarius (1500-1574) dans son commentaire *Sophocli Électra*.

Traduction de l'extrait de *l'Énéide* :

Nous longeons les côtes de l'Épire, nous entrons dans le port des Chaones et nous dirigeons vers la haute ville de Buthrote. [...] Il y avait, ce jour, cérémonie solennelle, offrande aux morts [...] Andromaque pour leurs cendres versait la libation, elle appelait les Mânes près d'un tombeau d'Hector. Vide, hélas ! elle l'avait saintement paré de gazon vert, avec deux autels où retrouver ses larmes. [...] Elle baissa le visage et murmura d'une voix désolée : « Ô seule heureuse avant toutes, la vierge Priamide qui reçut l'ordre de mourir sur le tombeau d'un ennemi devant les hauts murs de Troie, qui n'a pas subi le tirage au sort ni touché en captive le lit d'un vainqueur son maître ! Nous, des cendres de notre patrie traînée sur des mers lointaines, nous avons enduré les dédains du rejeton d'Achille et son insolente jeunesse, nous avons enfanté dans la servitude. Puis, lorsqu'il a suivi la petite-fille de Léda, Hermione, un hyménée lacédémonien [...] Mais follement enflammé par l'amour de l'épouse qui lui était ravie, poursuivi par les furies de ses crimes, Oreste le surprend à l'improviste et le tue devant les autels de ses pères. » (*L'Énéide*, livre III, vers 292 à 293, 301, 303 à 305, 320 à 328, 330 à 333, traduction de J. Perret, les Belles Lettres, 1977.)

ANDROMAQVE,

TRAGEDIE.

A PARIS,

Chez THEODORE GIRARD , dans la grand'
Salle du Palais , du costé de la Cour
des Aydes , à l'Enuie.

M. DC. LXVIII.
AVEC PRIVILEGE DV ROY.

Frontispice de l'édition de 1668.
Bibliothèque nationale, Paris.

Personnages

ANDROMAQUE *veuve d'Hector, captive de Pyrrhus.*
PYRRHUS *fils d'Achille, roi d'Épire.*
ORESTE *fils d'Agamemnon.*
HERMIONE *fille d'Hélène, accordée avec Pyrrhus.*
PYLADE *ami d'Oreste.*
CLÉONE *confidente d'Hermione.*
CÉPHISE *confidente d'Andromaque.*
PHŒNIX *gouverneur d'Achille, et ensuite de Pyrrhus.*
Suite d'ORESTE.

La scène est à Buthrote, ville d'Épire[1], dans une salle du palais de Pyrrhus.

---

1. **Épire :** voir p. 210 et la carte p. 212.

ACTE PREMIER

SCÈNE PREMIÈRE. ORESTE, PYLADE.

ORESTE

Oui, puisque je retrouve un ami si fidèle,
Ma fortune[1] va prendre une face nouvelle ;
Et déjà son courroux semble s'être adouci
Depuis qu'elle a pris soin de nous rejoindre[2] ici.
5 Qui l'eût dit, qu'un rivage à mes vœux si funeste
Présenterait d'abord[3] Pylade aux yeux d'Oreste ?
Qu'après plus de six mois que je t'avais perdu,
À la cour de Pyrrhus tu me serais rendu ?

PYLADE

J'en rends grâces au ciel qui, m'arrêtant sans cesse,
10 Semblait m'avoir fermé le chemin de la Grèce[4],
Depuis le jour fatal que[5] la fureur des eaux
Presque aux yeux de l'Épire écarta[6] nos vaisseaux.
Combien, dans cet exil, ai-je souffert d'alarmes !
Combien à vos malheurs ai-je donné de larmes,
15 Craignant toujours pour vous quelque nouveau danger
Que ma triste amitié ne pouvait partager !
Surtout je redoutais cette mélancolie[7]
Où j'ai vu si longtemps votre âme ensevelie.
Je craignais que le ciel, par un cruel secours,

---

1. **Fortune** : les mots du français classique les plus usités par Racine sont expliqués dans le « Vocabulaire des passions » (voir p. 208).
2. **Rejoindre** : réunir après une séparation.
3. **D'abord** : tout de suite.
4. **Grèce** : voir p. 210.
5. **Que** : pouvait s'employer pour « où » en français classique.
6. **Écarta** : sépara.
7. **Mélancolie** : au XVIIe siècle, on la considérait comme une maladie, un penchant excessif à la tristesse profonde.

20 Ne vous offrît la mort que vous cherchiez toujours.
Mais je vous vois, Seigneur ; et si j'ose le dire,
Un destin plus heureux vous conduit en Épire :
Le pompeux appareil[1] qui suit ici vos pas
N'est point d'un malheureux qui cherche le trépas[2].

ORESTE

25 Hélas ! qui peut savoir le destin qui m'amène ?
L'amour me fait ici chercher une inhumaine.
Mais qui sait ce qu'il doit ordonner de mon sort,
Et si je viens chercher ou la vie ou la mort ?

PYLADE

Quoi ? votre âme à l'amour en esclave asservie
30 Se repose sur lui du soin de votre vie ?
Par quel charme[3], oubliant tant de tourments soufferts,
Pouvez-vous consentir à rentrer dans ses fers[4] ?
Pensez-vous qu'Hermione, à Sparte inexorable,
Vous prépare en Épire un sort plus favorable ?
35 Honteux d'avoir poussé[5] tant de vœux superflus,
Vous l'abhorriez[6] ; enfin vous ne m'en parliez plus.
Vous me trompiez, Seigneur.

ORESTE

Je me trompais moi-même !
Ami, n'accable point un malheureux qui t'aime.
T'ai-je jamais caché mon cœur et mes désirs ?
40 Tu vis naître ma flamme et mes premiers soupirs.
Enfin, quand Ménélas disposa de sa fille
En faveur de Pyrrhus, vengeur de sa famille,
Tu vis mon désespoir ; et tu m'as vu depuis

---

1. **Pompeux appareil** : grand cortège (« appareil » a, en français classique, le même sens qu'« apparat »).
2. **Trépas** : mort.
3. **Charme** : sortilège, formule magique.
4. **Fers** : métaphore galante, selon laquelle l'amoureux est comme un prisonnier ou un esclave de celle qu'il aime.
5. **Poussé** : exprimé avec force.
6. **Abhorriez** : détestiez, haïssiez.

Traîner de mers en mers ma chaîne et mes ennuis.
45 Je te vis à regret, en cet état funeste,
Prêt à suivre partout le déplorable[1] Oreste,
Toujours de ma fureur interrompre le cours,
Et de moi-même enfin me sauver tous les jours.
Mais quand je me souvins que parmi tant d'alarmes
50 Hermione à Pyrrhus prodiguait tous ses charmes,
Tu sais de quel courroux mon cœur alors épris[2]
Voulut en l'oubliant punir tous ses mépris.
Je fis croire et je crus ma victoire certaine ;
Je pris tous mes transports pour des transports de haine.
55 Détestant ses rigueurs, rabaissant ses attraits,
Je défiais ses yeux de me troubler jamais.
Voilà comme[3] je crus étouffer ma tendresse.
En ce calme trompeur j'arrivai dans la Grèce,
Et je trouvai d'abord ses princes rassemblés,
60 Qu'un péril assez grand semblait avoir troublés.
J'y courus. Je pensai que la guerre et la gloire
De soins plus importants rempliraient ma mémoire ;
Que mes sens reprenant leur première vigueur,
L'amour achèverait de sortir de mon cœur.
65 Mais admire[4] avec moi le sort dont la poursuite[5]
Me fit courir alors au piège que j'évite.
J'entends de tous côtés qu'on menace Pyrrhus ;
Toute la Grèce éclate en murmures confus ;
On se plaint qu'oubliant son sang et sa promesse
70 Il élève en sa cour l'ennemi de la Grèce,
Astyanax, d'Hector jeune et malheureux fils,
Reste[6] de tant de rois sous Troie ensevelis.
J'apprends que pour ravir son enfance au supplice

---

1. **Déplorable** : digne de pitié.
2. **Épris** : saisi (ici : de colère).
3. **Comme** : comment.
4. **Admire** : vois comme est extraordinaire... (sens latin).
5. **Poursuite** : persécution, acharnement sur quelqu'un (sens premier).
6. **Reste** : rejeton.

Andromaque trompa l'ingénieux Ulysse,
75 Tandis qu'un autre enfant, arraché de ses bras,
Sous le nom de son fils fut conduit au trépas.
On dit que peu sensible aux charmes d'Hermione
Mon rival porte ailleurs son cœur et sa couronne.
Ménélas, sans le croire, en paraît affligé,
80 Et se plaint d'un hymen[1] si longtemps négligé.
Parmi les déplaisirs[2] où son âme se noie,
Il s'élève en la mienne une secrète joie :
Je triomphe ; et pourtant je me flatte[3] d'abord
Que la seule vengeance excite ce transport.
85 Mais l'ingrate en mon cœur reprit bientôt sa place :
De mes feux mal éteints je reconnus la trace ;
Je sentis que ma haine allait finir son cours,
Ou plutôt je sentis que je l'aimais toujours.
Ainsi de tous les Grecs je brigue[4] le suffrage.
90 On m'envoie à Pyrrhus ; j'entreprends ce voyage,
Je viens voir si l'on peut arracher de ses bras
Cet enfant dont la vie alarme tant d'États.
Heureux si je pouvais, dans l'ardeur qui me presse,
Au lieu d'Astyanax, lui ravir ma princesse !
95 Car enfin n'attends pas que mes feux redoublés
Des périls les plus grands[5] puissent être troublés.
Puisque après tant d'efforts ma résistance est vaine,
Je me livre en aveugle au destin qui m'entraîne.
J'aime : je viens chercher Hermione en ces lieux,
100 La fléchir[6], l'enlever, ou mourir à ses yeux.
Toi qui connais Pyrrhus, que penses-tu qu'il fasse ?
Dans sa cour, dans son cœur, dis-moi ce qui se passe.

---

1. **Hymen :** mariage.
2. **Déplaisirs :** désespoirs (sens premier).
3. **Je me flatte :** je prétends, je veux me faire croire.
4. **Brigue :** sollicite, essaie de me faire élire (comme ambassadeur).
5. **Des périls les plus grands :** par les plus grands dangers.
6. **La fléchir :** la convaincre de m'aimer.

Mon Hermione encor[1] le tient-elle asservi ?
Me rendra-t-il, Pylade, un bien qu'il m'a ravi ?

PYLADE

105 Je vous abuserais[2] si j'osais vous promettre
Qu'entre vos mains, Seigneur, il voulût la remettre.
Non que de sa conquête il paraisse flatté[3] ;
Pour la veuve d'Hector ses feux ont éclaté ;
Il l'aime. Mais enfin cette veuve inhumaine
110 N'a payé jusqu'ici son amour que de haine ;
Et chaque jour encore on lui voit tout tenter
Pour fléchir sa captive, ou pour l'épouvanter.
De son fils qu'il lui cache il menace la tête[4],
Et fait couler des pleurs qu'aussitôt il arrête.
115 Hermione elle-même a vu plus de cent fois
Cet amant irrité revenir sous ses lois,
Et de ses vœux troublés lui rapportant l'hommage,
Soupirer à ses pieds moins d'amour que de rage.
Ainsi n'attendez pas que l'on puisse aujourd'hui
120 Vous répondre[5] d'un cœur si peu maître de lui :
Il peut, Seigneur, il peut, dans ce désordre extrême,
Épouser ce qu'il hait, et punir ce qu'il aime.

ORESTE

Mais dis-moi de quel œil Hermione peut voir
Son hymen différé, ses charmes sans pouvoir.

PYLADE

125 Hermione, Seigneur, au moins en apparence,
Semble de son amant dédaigner l'inconstance,
Et croit que trop heureux de fléchir sa rigueur

---

1. **Encor :** l'orthographe du XVIIe siècle était très souple, notamment dans les
œuvres en vers afin d'obtenir le nombre de syllabes nécessaire au vers.
2. **Abuserais :** tromperais.
3. **Flatté :** ici, fier, heureux d'avoir réussi à se faire aimer.
4. **Il menace la tête :** il menace de le mettre à mort.
5. **Vous répondre :** donner des certitudes.

Il la viendra presser[1] de reprendre son cœur.
Mais je l'ai vue enfin me confier ses larmes ;
130 Elle pleure en secret le mépris de ses charmes.
Toujours prête à partir, et demeurant toujours,
Quelquefois elle appelle Oreste à son secours.

ORESTE

Ah ! si je le croyais, j'irais bientôt, Pylade,
Me jeter...

PYLADE

Achevez, Seigneur, votre ambassade.
135 Vous attendez le roi : parlez, et lui montrez
Contre le fils d'Hector tous les Grecs conjurés,
Loin de leur accorder ce fils de sa maîtresse[2],
Leur haine ne fera qu'irriter[3] sa tendresse.
Plus on les veut brouiller, plus on va les unir.
140 Pressez[4], demandez tout, pour ne rien obtenir.
Il vient.

ORESTE

Eh bien ! va donc disposer la cruelle
À revoir un amant qui ne vient que pour elle.

---

1. **Il la viendra presser** : il viendra la presser. Le pronom personnel complément pouvait se placer indifféremment, en français classique, avant ou après le verbe.
2. **Maîtresse** : celle qu'il aime, sans que l'amour soit pour autant forcément partagé.
3. **Irriter** : exciter, renforcer.
4. **Pressez** : insistez, montrez-vous exigeant.

REPÈRES

• Quels renseignements concrets donnent les vers 1 à 16 ? Où se passe l'action ? Qui sont les deux personnages ?
• Qu'est-ce qui provoque la surprise de Pylade (v. 29 à 37) ?
• La tirade d'Oreste (v. 37 à 104) : quels noms propres y sont prononcés ? Quels faits essentiels que doit connaître le spectateur indiquent-ils ?

OBSERVATION

Une situation initiale complexe.
• Quelle est la mission d'Oreste ? Pourquoi Pylade lui conseille-t-il de se montrer exigeant (v. 134 à 141) ? « Demandez tout », est-ce de la bonne diplomatie ? Pourquoi ? Quel est le but recherché en fait ?
• Comment comprenez-vous les vers 121-122 ?
• Résumez les informations données dans cette scène sur la situation avant le début de l'action, et les hypothèses énoncées par Oreste et Pylade sur la suite des événements.

INTERPRÉTATIONS

Oreste, malheureux aventurier.
• Comment Oreste est-il tout de suite caractérisé par Pylade ? Qu'est-ce qui provoque la surprise de Pylade ?
• Comment Oreste se définit-il lui-même ? Quelle « humeur » domine chez lui (v. 17) ?
• Quelle est l'origine du désespoir d'Oreste ?
• Que peut-on penser d'un ambassadeur qui met en avant ses intérêts personnels ?
• Essayez de mettre en relation les informations données sur l'humeur d'Oreste, la façon dont il envisage sa mission et le ton de ses répliques.

SCÈNE 2. PYRRHUS, ORESTE, PHŒNIX.

ORESTE

Avant que tous les Grecs vous parlent par ma voix,
Souffrez que j'ose ici me flatter de leur choix,
145 Et qu'à vos yeux, Seigneur, je montre quelque joie
De voir le fils d'Achille et le vainqueur de Troie.
Oui, comme ses exploits nous admirons vos coups[1] :
Hector tomba sous lui[2], Troie expira sous vous ;
Et vous avez montré, par une heureuse audace,
150 Que le fils seul[3] d'Achille a pu remplir sa place.
Mais, ce qu'il n'eût point fait, la Grèce avec douleur
Vous voit du sang troyen relever le malheur[4],
Et vous laissant toucher d'une pitié funeste,
D'une guerre si longue entretenir le reste[5].
155 Ne vous souvient-il plus[6], Seigneur, quel fut Hector ?
Nos peuples affaiblis s'en souviennent encor.
Son nom seul fait frémir nos veuves et nos filles,
Et dans toute la Grèce il n'est point de familles
Qui ne demandent compte à ce malheureux fils
160 D'un père ou d'un époux qu'Hector leur a ravis.
Et qui sait ce qu'un jour ce fils peut entreprendre ?
Peut-être dans nos ports nous le verrons descendre,
Tel qu'on a vu son père embraser nos vaisseaux,
Et, la flamme à la main, les suivre sur les eaux[7].

---

1. **Coups** : combats, victoires, exploits.
2. **Hector tomba sous lui** : Hector fut vaincu par lui.
3. **Que le fils seul** : interversion de l'adjectif, admise par la syntaxe de l'époque, et qui a pour effet de souligner la valeur de cet adjectif.
4. **Relever le malheur** : réparer ce que les Troyens ont subi, leur redonner une chance.
5. **Entretenir le reste** : garder en vie celui qui a survécu.
6. **Ne vous souvient-il plus** : ne vous souvenez-vous pas.
7. **Les suivre sur les eaux** : Hector avait lancé, durant le siège de Troie, une opération contre la flotte des Grecs, en s'avançant à bord de barques rapides, pour incendier les navires.

165 Oserai-je, Seigneur, dire ce que je pense ?
Vous-même de vos soins craignez la récompense[1],
Et que dans votre sein ce serpent élevé
Ne vous punisse un jour de l'avoir conservé[2].
Enfin de tous les Grecs satisfaites l'envie.
170 Assurez leur vengeance, assurez votre vie ;
Perdez un ennemi d'autant plus dangereux
Qu'il s'essaiera sur vous à combattre contre eux.

PYRRHUS
La Grèce en ma faveur est trop inquiétée.
De soins plus importants je l'ai crue agitée,
175 Seigneur, et sur le nom de son ambassadeur,
J'avais dans ses projets conçu plus de grandeur.
Qui croirait en effet qu'une telle entreprise
Du fils d'Agamemnon méritât l'entremise ;
Qu'un peuple tout entier, tant de fois triomphant,
180 N'eût daigné conspirer que la mort d'un enfant ?
Mais à qui prétend-on que je le sacrifie ?
La Grèce a-t-elle encor quelque droit sur sa vie ?
Et seul de tous les Grecs ne m'est-il pas permis
D'ordonner[3] d'un captif que le sort m'a soumis ?
185 Oui, Seigneur, lorsqu'au pied des murs fumants de Troie
Les vainqueurs tout sanglants partagèrent leur proie,
Le sort, dont les arrêts[4] furent alors suivis,
Fit tomber en mes mains Andromaque et son fils.
Hécube près d'Ulysse acheva sa misère ;
190 Cassandre dans Argos a suivi votre père ;
Sur eux, sur leurs captifs, ai-je étendu mes droits ?
Ai-je enfin disposé du fruit de leurs exploits ?
On craint qu'avec Hector Troie un jour ne renaisse ;

---

1. **Récompense** : ce qui sera donné en retour (que ce soit positif ou négatif).
2. **Conservé** : préservé, gardé en vie.
3. **Ordonner** : décider.
4. **Arrêts** : décisions (les prisonniers étaient partagés entre les vainqueurs par tirage au sort).

Son fils peut me ravir le jour que je lui laisse :
195 Seigneur, tant de prudence[1] entraîne trop de soin ;
Je ne sais point prévoir les malheurs de si loin.
Je songe quelle était autrefois cette ville
Si superbe en remparts, en héros si fertile,
Maîtresse de l'Asie ; et je regarde enfin
200 Quel fut le sort de Troie, et quel est son destin[2].
Je ne vois que des tours que la cendre a couvertes,
Un fleuve[3] teint de sang, des campagnes désertes,
Un enfant dans les fers ; et je ne puis songer
Que Troie en cet état aspire à se venger.
205 Ah ! si du fils d'Hector la perte était jurée,
Pourquoi d'un an entier l'avons-nous différée ?
Dans le sein de Priam[4] n'a-t-on pu[5] l'immoler ?
Sous tant de morts, sous Troie, il fallait l'accabler[6].
Tout était juste alors : la vieillesse et l'enfance
210 En vain sur leur faiblesse appuyaient leur défense[7] ;
La victoire et la nuit, plus cruelles que nous,
Nous excitaient au meurtre, et confondaient nos coups.
Mon courroux aux vaincus ne fut que trop sévère.
Mais que ma cruauté survive à ma colère ?
215 Que malgré la pitié dont je me sens saisir,
Dans le sang d'un enfant je me baigne à loisir[8] ?
Non, Seigneur : que les Grecs cherchent quelque autre

                                                [proie ;

Qu'ils poursuivent ailleurs ce qui reste de Troie :

1. **Prudence :** souci de prévoir le futur.
2. **Sort... destin :** le sort concerne ici le passé, et le destin, le futur.
3. **Un fleuve :** le Scamandre, fleuve qui arrosait la ville.
4. **Dans le sein de Priam :** dans les bras de Priam (grand-père d'Astyanax) qui fut mis à mort lors de la prise de Troie.
5. **N'a-t-on pu :** en français classique, il était toléré d'employer l'indicatif là où aujourd'hui on emploierait le conditionnel passé (« n'aurait-on pu »).
6. **Accabler :** frapper à mort, écraser.
7. **Appuyaient leur défense :** cherchaient des arguments pour demander de la pitié.
8. **À loisir :** de sang-froid.

De mes inimitiés le cours est achevé ;
220 L'Épire sauvera ce que Troie a sauvé.

ORESTE

Seigneur, vous savez trop avec quel artifice
Un faux Astyanax fut offert au supplice
Où le seul fils d'Hector devait être conduit.
Ce n'est pas les Troyens, c'est Hector qu'on poursuit.
225 Oui, les Grecs sur le fils persécutent[1] le père ;
Il a par trop de sang acheté[2] leur colère,
Ce n'est que dans le sien qu'elle peut expirer,
Et jusque dans l'Épire il les peut attirer.
Prévenez-les[3].

PYRRHUS

Non, non. J'y consens avec joie !
230 Qu'ils cherchent dans l'Épire une seconde Troie ;
Qu'ils confondent leur haine, et ne distinguent plus
Le sang qui les fit vaincre et celui des vaincus.
Aussi bien ce n'est pas la première injustice
Dont la Grèce d'Achille a payé le service[4].
235 Hector en profita[5], Seigneur ; et quelque jour
Son fils en pourrait bien profiter à son tour.

ORESTE

Ainsi la Grèce en vous trouve un enfant rebelle ?

PYRRHUS

Et je n'ai donc vaincu que pour dépendre d'elle ?

---

1. **Persécutent** : poursuivent avec acharnement.
2. **Acheté** : ici, mérité.
3. **Prévenez-les** : prenez les devants, n'attendez pas qu'ils lancent une expédition pour s'emparer de l'enfant en faisant la guerre au royaume d'Épire.
4. **Le service** : l'aide ; Achille était l'allié des Grecs contre Troie, mais Agamemnon, chef des Grecs – et père d'Oreste –, priva Achille d'une prisonnière qui lui revenait ; Achille refusa alors, pendant un temps, de continuer à prendre part à la guerre ; cet épisode fait la matière de *L'Iliade* (voir p. 171).
5. **En profita** : le mit à profit (pendant qu'Achille refusait de combattre, Hector remporta plusieurs victoires sur les Grecs).

ORESTE

240 Hermione, Seigneur, arrêtera vos coups :
Ses yeux s'opposeront[1] entre son père et vous.

PYRRHUS

Hermione, Seigneur, peut m'être toujours chère,
Je puis l'aimer, sans être esclave de son père ;
Et je saurai peut-être accorder quelque jour
Les soins de ma grandeur et ceux de mon amour.

245 Vous pouvez cependant voir la fille d'Hélène :
Du sang qui vous unit je sais l'étroite chaîne[2].
Après cela, Seigneur, je ne vous retiens plus,
Et vous pourrez aux Grecs annoncer mon refus.

---

1. **Ses yeux s'opposeront** : en langage galant, « yeux » désigne l'ensemble de la personne d'une femme, et sa beauté. Donc, l'amour que Pyrrhus doit éprouver pour Hermione, sa fiancée, fille de Ménélas, un des principaux rois grecs, empêchera qu'il s'engage dans une guerre contre ces derniers.
2. **Chaîne** : Hermione et Oreste étaient cousins germains, puisque les rois Ménélas et Agamemnon étaient frères.

REPÈRES

• Quelle est la fonction politique de Pyrrhus ? Et d'Oreste ?
• Quel est le sujet principal du discours d'Oreste ? Et de celui de Pyrrhus ?
• De quel personnage Oreste parle-t-il le plus ? Dans quels vers ? Pourquoi ?

OBSERVATION

• De quel État Pyrrhus parle-t-il le plus ? Dans quels vers ? Qu'en dit-il ?
• Sur quel ton sont prononcés les vers 237 et 238 ? Quel effet peuvent-ils produire sur Pyrrhus ? Et sur Oreste ?
• Oreste a-t-il suivi les conseils de Pylade ? Son ambassade est-elle un échec ou un succès ?
• Après le refus de Pyrrhus, à quels événements le spectateur peut-il s'attendre ?

INTERPRÉTATIONS

Théâtre et art rhétorique.
• La tirade d'Oreste : quel est le thème des vers 143 à 150 ? Et celui des vers 151 à 164 ? Celui des vers 165 à 172 ? Définissez chacun de ces thèmes en une phrase, et dégagez le plan de la tirade.
• La tirade de Pyrrhus : procédez de même que ci-dessus.
• Comparez les deux plans ainsi obtenus.
• Pyrrhus et Oreste se laissent-ils guider par les sentiments dont ils parlent, ou leurs discours sont-ils calculés ? Sont-ils sincères ou non ? Tous les deux ? De la même façon ?
• Cette scène voit l'entrée en jeu de Pyrrhus : quel ton le caractérise d'emblée ? Quelle attitude ? Dites en quoi cela est le résultat de la façon dont Oreste lui parle. Cherchez les sens du mot *rhétorique* : lequel convient ici ?

Scène 3. Pyrrhus, Phœnix.

PHŒNIX
Ainsi vous l'envoyez aux pieds de sa maîtresse ?

PYRRHUS
250 On dit qu'il a longtemps brûlé pour la princesse.

PHŒNIX
Mais si ce feu, Seigneur, vient à se rallumer ?
S'il lui rendait son cœur, s'il s'en faisait aimer ?

PYRRHUS
Ah ! qu'ils s'aiment, Phœnix ! J'y consens. Qu'elle parte.
Que charmés l'un de l'autre ils retournent à Sparte !
255 Tous nos ports sont ouverts et pour elle et pour lui.
Qu'elle m'épargnerait de contrainte et d'ennui !

PHŒNIX
Seigneur...

PYRRHUS
　　　Une autre fois je t'ouvrirai mon âme :
Andromaque paraît.

Scène 4. Pyrrhus, Andromaque, Phœnix, Céphise.

PYRRHUS
　　　Me cherchiez-vous, Madame ?
Un espoir si charmant me serait-il permis ?

ANDROMAQUE
260 Je passais jusqu'aux lieux où l'on garde mon fils.
Puisqu'une fois le jour vous souffrez que je voie
Le seul bien qui me reste et d'Hector et de Troie,
J'allais, Seigneur, pleurer un moment avec lui :
Je ne l'ai point encore embrassé d'aujourd'hui.

PYRRHUS
265 Ah, Madame ! les Grecs, si j'en crois leurs alarmes,
Vous donneront bientôt d'autres sujets de larmes.

ANDROMAQUE
Et quelle est cette peur dont leur cœur est frappé,
Seigneur ? Quelque Troyen vous est-il échappé ?

PYRRHUS
Leur haine pour Hector n'est pas encore éteinte.
270 Ils redoutent son fils.

Andromaque (Catherine Sellers).
Mise en scène de J.-L. Barrault. Théâtre de l'Odéon, 1962.

ANDROMAQUE
Digne objet de leur crainte !
Un enfant malheureux qui ne sait pas encor
Que Pyrrhus est son maître, et qu'il est fils d'Hector.

PYRRHUS
Tel qu'il est, tous les Grecs demandent qu'il périsse.
Le fils d'Agamemnon vient hâter son supplice.

ANDROMAQUE
275 Et vous prononcerez un arrêt si cruel ?
Est-ce mon intérêt[1] qui le rend criminel ?
Hélas ! on ne craint point qu'il venge un jour son père ;
On craint qu'il n'essuyât les larmes de sa mère.
Il m'aurait tenu lieu d'un père et d'un époux[2] ;
280 Mais il me faut tout perdre, et toujours par vos coups.

PYRRHUS
Madame, mes refus ont prévenu[3] vos larmes.
Tous les Grecs m'ont déjà menacé de leurs armes,
Mais dussent-ils encore, en repassant les eaux,
Demander votre fils avec mille vaisseaux,
285 Coûtât-il tout le sang qu'Hélène a fait répandre,
Dussé-je après dix ans voir mon palais en cendre,
Je ne balance point, je vole à son secours.
Je défendrai sa vie aux dépens de mes jours.
Mais parmi ces périls où je cours pour vous plaire,
290 Me refuserez-vous un regard moins sévère ?
Haï de tous les Grecs, pressé de tous côtés,
Me faudra-t-il combattre encor vos cruautés ?
Je vous offre mon bras. Puis-je espérer encore
Que vous accepterez un cœur qui vous adore ?
295 En combattant pour vous, me sera-t-il permis
De ne vous point compter parmi mes ennemis ?

---

1. **Mon intérêt** : ce qui me concerne (est-ce à cause de moi...).
2. Achille, père de Pyrrhus, avait tué le père d'Andromaque (Eétion), puis Hector, son mari.
3. **Prévenu** : devancé (voir v. 229).

ANDROMAQUE

Seigneur, que faites-vous, et que dira la Grèce ?
Faut-il qu'un si grand cœur montre tant de faiblesse ?
Voulez-vous qu'un dessein si beau, si généreux,
300 Passe pour le transport d'un esprit amoureux ?
Captive, toujours triste, importune à moi-même[1],
Pouvez-vous souhaiter qu'Andromaque vous aime ?
Quels charmes ont pour vous des yeux infortunés
Qu'à des pleurs éternels vous avez condamnés ?
305 Non, non ; d'un ennemi respecter la misère,
Sauver des malheureux, rendre un fils à sa mère,
De cent peuples[2] pour lui combattre la rigueur,
Sans me faire payer son salut de mon cœur,
Malgré moi, s'il le faut, lui donner un asile :
310 Seigneur, voilà des soins dignes du fils d'Achille.

PYRRHUS

Hé quoi ! votre courroux n'a-t-il pas eu son cours[3] ?
Peut-on haïr sans cesse ? et punit-on toujours ?
J'ai fait des malheureux, sans doute ; et la Phrygie
Cent fois de votre sang a vu ma main rougie ;
315 Mais que vos yeux sur sur moi se sont bien exercés[4] !
Qu'ils m'ont vendu bien cher les pleurs qu'ils ont versés !
De combien de remords m'ont-ils rendu la proie !
Je souffre tous les maux que j'ai faits devant Troie.
Vaincu, chargé de fers, de regrets consumé,

---

1. Rupture de la syntaxe (l'accord se fait à la 1re personne, selon le sens, et non pas à la 3e, comme le voudrait la grammaire) destinée à exprimer l'état de trouble où se trouve Andromaque.
2. **Cent peuples :** la Grèce était alors composée d'une multitude de petits États indépendants.
3. **N'a-t-il... cours :** n'a-t-il pas eu assez de temps pour s'écouler ?
4. **Se sont... exercés :** ont agi, en particulier pour faire souffrir.

320 Brûlé de plus de feux[1] que je n'en allumai,
  Tant de soins, tant de pleurs, tant d'ardeurs inquiètes...
  Hélas ! fus-je jamais si cruel que vous l'êtes ?
  Mais enfin, tour à tour, c'est assez nous punir :
  Nos ennemis communs devraient nous réunir.
325 Madame, dites-moi seulement que j'espère,
  Je vous rends votre fils, et je lui sers de père ;
  Je l'instruirai moi-même à venger les Troyens ;
  J'irai punir les Grecs de vos maux et des miens.
  Animé d'un regard[2], je puis tout entreprendre :
330 Votre Ilion encor peut sortir de sa cendre ;
  Je puis, en moins de temps que les Grecs ne l'ont pris,
  Dans ses murs relevés couronner votre fils.

ANDROMAQUE

  Seigneur, tant de grandeurs ne nous touchent plus guère.
  Je les lui promettais tant qu'a vécu son père.
335 Non, vous n'espérez plus de nous revoir encor,
  Sacrés murs que n'a pu conserver mon Hector !
  À de moindres faveurs des malheureux prétendent,
  Seigneur : c'est un exil que mes pleurs vous demandent.
  Souffrez que, loin des Grecs, et même loin de vous,
340 J'aille cacher mon fils, et pleurer mon époux.
  Votre amour contre nous allume trop de haine.
  Retournez, retournez à la fille d'Hélène.

PYRRHUS

  Et le puis-je, Madame ? Ah ! que vous me gênez[3] !
  Comment lui rendre un cœur que vous me retenez ?
345 Je sais que de mes vœux on lui promit l'empire ;

---

1. **Feux** : ce mot est pris ici une fois dans son sens propre (Troie a été incendiée par Pyrrhus) et une fois dans son sens figuré (voir p. 206). La phrase forme donc une « pointe » (formule à double sens) comme les aimait le langage galant ; cette formule est inspirée d'un passage d'un roman grec d'Héliodore, *Théagène et Chariclée* (IIIᵉ ou IVᵉ siècle apr. J.-C.).
2. **Animé d'un regard** : encouragé par un regard favorable de vous.
3. **Gênez** : en français classique, « gêne » signifie d'abord « torture ».

Je sais que pour régner elle vint dans l'Épire ;
Le sort vous y voulut l'une et l'autre amener :
Vous, pour porter des fers[1], elle, pour en donner.
Cependant ai-je pris quelque soin de lui plaire ?
350 Et ne dirait-on pas, en voyant au contraire
Vos charmes tout-puissants, et les siens dédaignés,
Qu'elle est ici captive[2] et que vous y régnez ?
Ah ! qu'un seul des soupirs que mon cœur vous envoie,
S'il s'échappait vers elle y porterait de joie.

ANDROMAQUE

355 Et pourquoi vos soupirs seraient-ils repoussés ?
Aurait-elle oublié vos services passés ?
Troie, Hector, contre vous, révoltent-ils son âme ?
Aux cendres[3] d'un époux doit-elle enfin sa flamme ?
Et quel époux encore ! Ah ! souvenir cruel !
360 Sa mort seule a rendu votre père immortel ;
Il doit au sang d'Hector tout l'éclat de ses armes,
Et vous n'êtes tous deux connus que par mes larmes.

PYRRHUS

Eh bien, Madame, eh bien ! il faut vous obéir :
Il faut vous oublier, ou plutôt vous haïr.
365 Oui, mes vœux ont trop loin poussé leur violence
Pour ne plus s'arrêter que dans l'indifférence[4] ;
Songez-y bien : il faut désormais que mon cœur,
S'il n'aime avec transport, haïsse avec fureur.
Je n'épargnerai rien dans ma juste colère :

1. **Fers** : voir le vers 32 ; voir aussi le vers 320 où, comme ici, un mot est pris une fois au sens propre et une fois au sens figuré.
2. **Captive** : suite des mêmes métaphores galantes et jeux de mots qu'au vers 348 ; Andromaque est vraiment « captive » (prisonnière), mais elle tient Pyrrhus dans ses « fers » (il l'aime), tandis qu'Hermione est comme prisonnière, « captive » de Pyrrhus (puisqu'elle l'aime).
3. **Cendres** : corps, dépouille mortelle.
4. **Oui, mes vœux... dans l'indifférence** : les « vœux » (désirs amoureux) de Pyrrhus ont atteint une passion si forte qu'ils ne peuvent désormais se changer en indifférence.

370 Le fils me répondra[1] des mépris de la mère ;
La Grèce le demande, et je ne prétends pas
Mettre toujours ma gloire à sauver des ingrats.

ANDROMAQUE

Hélas ! il mourra donc. Il n'a pour sa défense
Que les pleurs de sa mère et que son innocence.
375 Et peut-être après tout, en l'état où je suis,
Sa mort avancera la fin de mes ennuis.
Je prolongeais pour lui ma vie et ma misère ;
Mais enfin sur ses pas j'irai revoir son père.
Ainsi, tous trois, Seigneur, par vos soins réunis,
380 Nous vous...

PYRRHUS

Allez, Madame, allez voir votre fils.
Peut-être, en le voyant, votre amour plus timide[2]
Ne prendra pas toujours sa colère pour guide.
Pour savoir nos destins j'irai vous retrouver.
Madame, en l'embrassant, songez à le sauver.

---

1. **Répondra :** sera tenu pour responsable, paiera le prix.
2. **Timide :** au sens premier, qui s'effraye.

REPÈRES

• Quelle information Pyrrhus annonce-t-il à Andromaque ?
• Quelle demande fait Andromaque ?
• Quelle demande fait Pyrrhus ?

OBSERVATION

• Quel est le ton des vers 258 et 259 ? Est-il le même que celui que Pyrrhus avait juste auparavant ? Précisez la différence.
• Comment Pyrrhus annonce-t-il à Andromaque l'information principale ? Pourquoi ?
• Dans ses deux dernières répliques (v. 363 à 372 et v. 380 à 384), quel est le ton de Pyrrhus ? Comparez avec les conclusions auxquelles vous avez abouti en répondant à la première question.
• Quel est le ton dominant dans les propos d'Andromaque ?

INTERPRÉTATIONS

Galanterie et violence.
• Quel langage Pyrrhus utilise-t-il le plus ? (Aidez-vous du lexique placé en fin de volume p. 208.)
• À quels sentiments de Pyrrhus Andromaque fait-elle appel ? Sont-ils les mêmes que ceux dont parle Pyrrhus ? Pourquoi lui dit-elle d'aller vers Hermione ?
• Cherchez les sens du mot « galanterie » : vous paraît-il approprié ici pour qualifier le langage de Pyrrhus ? Expliquez. Qu'apporte à cet égard ses dernières répliques ?
• Quelle impression Andromaque peut-elle donner aux spectateurs ? Et quelle impression donnent les premiers propos de Pyrrhus ? Essayez de dire quels sentiments les spectateurs peuvent ressentir en face de l'un, de l'autre. Comparez avec les sentiments qu'expriment les personnages.
• Sur quel mot se termine la scène ? A-t-il une importance particulière à cette place ? Quelles tonalités contrastent au fil de ce passage ?

Récapitulation

• Quelles tonalités dominantes a-t-on vu au fil des diverses scènes ? Y a-t-il plutôt continuité ? Plutôt contraste ?
• Quels personnages principaux ont été présentés ? Dans quelles conditions ? Lesquels font des confidences, lesquels sont « en action » d'emblée ?
• Les confidents : dressez-en la liste en précisant leur statut par rapport au protagoniste qu'ils accompagnent. Sont-ils de simples « serviteurs » ? Quelles nuances de ton impliquent leurs situations ?

L'importance de l'exposition

• L'acte I est toujours un acte d'exposition : quelles informations le spectateur a-t-il reçues au total ?
• Combien de temps demandent les événements montrés dans l'acte I pour se dérouler ? Quel rythme est ainsi donné ?
• Quelles questions le spectateur peut-il se poser encore à la fin de cet acte ?
• Quelles hypothèses peut-il faire sur la suite des événements ? Reportez-vous à la fin de la scène 1 : les conseils donnés par Pylade à Oreste ont-ils été efficaces ?
• Revoyez les noms propres le plus souvent cités : de quels personnages et de quels lieux a-t-il été le plus souvent question ? Est-ce que cela correspond aux buts avoués explicitement par chaque personnage ? Qu'en concluez-vous : qu'est-ce qui occupe le plus leurs propos ?
• À partir de ces observations, essayez de distinguer ce qui dans cet acte relève :
– de l'information nécessaire pour que les spectateurs puissent suivre la suite de la pièce ;
– de l'effet de suspens ;
– des indications sur la (ou les deux) tonalité(s) dominante(s) de l'œuvre.

ACTE II

Scène première. Hermione, Cléone.

HERMIONE

385 Je fais ce que tu veux ; je consens qu'il me voie.
Je lui veux bien encore accorder cette joie.
Pylade va bientôt conduire ici ses pas ;
Mais si je m'en croyais, je ne le verrais pas.

CLÉONE

Et qu'est-ce que sa vue a pour vous de funeste ?
390 Madame, n'est-ce pas toujours le même Oreste
Dont vous avez cent fois souhaité le retour,
Et dont vous regrettiez la constance et l'amour ?

HERMIONE

C'est cet amour payé de trop d'ingratitude
Qui me rend en ces lieux sa présence si rude[1].
395 Quelle honte pour moi, quel triomphe pour lui,
De voir mon infortune égaler son ennui !
Est-ce là, dira-t-il, cette fière Hermione ?
Elle me dédaignait ; un autre l'abandonne.
L'ingrate, qui mettait son cœur à si haut prix,
400 Apprend donc à son tour à souffrir des mépris ?
Ah ! dieux !

CLÉONE

Ah ! dissipez ces indignes alarmes :
Il a trop bien senti le pouvoir de vos charmes.
Vous croyez qu'un amant vienne[2] vous insulter[3] ?
Il vous rapporte un cœur qu'il n'a pu vous ôter.

---

1. **Rude** : au sens premier, pénible, difficilement supportable.
2. **Vienne** : le subjonctif équivaut ici à un conditionnel, pour indiquer que ce qui suit n'est qu'une hypothèse, un irréel.
3. **Insulter** : faire injure, sans que ce soit forcément par des mots.

405 Mais vous ne dites point ce que vous mande un père ?

HERMIONE

Dans ses retardements[1] si Pyrrhus persévère,
À la mort du Troyen s'il ne veut consentir,
Mon père avec les Grecs m'ordonne de partir.

CLÉONE

Eh bien, Madame, eh bien ! écoutez donc Oreste.
410 Pyrrhus a commencé, faites au moins le reste.
Pour bien faire il faudrait que vous le prévinssiez[2].
Ne m'avez-vous pas dit que vous le haïssiez ?

HERMIONE

Si je le hais, Cléone ! Il y va de ma gloire[3],
Après tant de bontés dont il perd la mémoire ;
415 Lui qui me fut si cher, et qui m'a pu trahir,
Ah ! je l'ai trop aimé pour ne le point haïr !

CLÉONE

Fuyez-le donc, Madame ; et puisqu'on vous adore...

HERMIONE

Ah ! laisse à ma fureur le temps de croître encore.
Contre mon ennemi laisse-moi m'assurer[4].
420 Cléone, avec horreur je m'en veux séparer.
Il n'y travaillera que trop bien, l'infidèle !

CLÉONE

Quoi ? vous en attendez quelque injure nouvelle ?
Aimer une captive, et l'aimer à vos yeux[5],
Tout cela n'a donc pu vous le rendre odieux ?
425 Après ce qu'il a fait, que saurait-il donc faire ?
Il vous aurait déplu, s'il pouvait vous déplaire.

---

1. **Retardements** : délais (que Pyrrhus met à épouser Hermione).
2. **Pour bien faire... prévinssiez** : Hermione devrait prendre l'initiative de rompre au lieu d'attendre que Pyrrhus lui annonce la rupture de leurs fiançailles (voir le vers 229).
3. **Gloire :** l'honneur, la réputation.
4. **M'assurer** : prendre toutes mes précautions (Hermione veut que ses sentiments hostiles se renforcent encore).
5. **À vos yeux** : devant vous, sous vos yeux.

HERMIONE

Pourquoi veux-tu, cruelle, irriter mes ennuis ?
Je crains de me connaître en l'état où je suis.
De tout ce que tu vois tâche de ne rien croire ;
430 Crois que je n'aime plus, vante-moi ma victoire ;
Crois que dans son dépit mon cœur est endurci,
Hélas ! et, s'il se peut, fais-le-moi croire aussi.
Tu veux que je le fuie ? Eh bien ! rien ne m'arrête :
Allons ; n'envions plus son indigne conquête :
435 Que sur lui sa captive étende son pouvoir.
Fuyons... Mais si l'ingrat rentrait dans son devoir !
Si la foi dans son cœur retrouvait quelque place ;
S'il venait à mes pieds me demander sa grâce ;
Si sous mes lois, Amour, tu pouvais l'engager !
440 S'il voulait... Mais l'ingrat ne veut que m'outrager.
Demeurons toutefois pour troubler leur fortune,
Prenons quelque plaisir à leur être importune ;
Ou, le forçant de¹ rompre un nœud si solennel,
Aux yeux de tous les Grecs rendons-le criminel.
445 J'ai déjà sur le fils attiré leur colère ;
Je veux qu'on vienne encor lui demander la mère.
Rendons-lui les tourments qu'elle m'a fait souffrir :
Qu'elle le perde², ou bien qu'il la fasse périr.

CLÉONE

Vous pensez que des yeux toujours ouverts aux larmes
450 Se plaisent à troubler le pouvoir de vos charmes,
Et qu'un cœur accablé de tant de déplaisirs
De son persécuteur ait brigué les soupirs ?
Voyez si sa douleur en paraît soulagée.
Pourquoi donc les chagrins où son âme est plongée ?
455 Contre un amant qui plaît pourquoi tant de fierté ?

---

1. **De** : cette préposition, à l'époque, s'employait dans toutes sortes de cas, comme ici où elle remplace « à ».
2. **Qu'elle le perde** : qu'elle soit la cause de sa perte, de la guerre et de la défaite de Pyrrhus.

HERMIONE

Hélas ! pour mon malheur, je l'ai trop écouté[1].
Je n'ai point du silence affecté le mystère :
Je croyais sans péril pouvoir être sincère,
Et sans armer mes yeux d'un moment de rigueur,
460 Je n'ai pour lui parler consulté que mon cœur.
Et qui ne se serait comme moi déclarée
Sur la foi d'une amour[2] si saintement jurée ?
Me voyait-il de l'œil qu'il me voit[3] aujourd'hui ?
Tu t'en souviens encor, tout conspirait pour lui :
465 Ma famille vengée, et les Grecs dans la joie,
Nos vaisseaux tout chargés des dépouilles de Troie,
Les exploits de son père effacés par les siens,
Ses feux que je croyais plus ardents que les miens,
Mon cœur, toi-même enfin de sa gloire éblouie,
470 Avant qu'il me trahît, vous m'avez tous trahie.
Mais c'en est trop, Cléone, et quel que soit Pyrrhus,
Hermione est sensible, Oreste a des vertus ;
Il sait aimer du moins, et même sans qu'on l'aime,
Et peut-être il saura se faire aimer lui-même.
475 Allons : qu'il vienne enfin.

CLÉONE

Madame, le voici.

HERMIONE

Ah ! je ne croyais pas qu'il fût si près d'ici.

---

1. **Je l'ai trop écouté** : j'ai trop écouté Pyrrhus.
2. **Une amour** : ce mot s'employait au XVIIᵉ siècle tantôt au féminin (comme en ancien français), tantôt au masculin.
3. **Qu'il me voit** : avec lequel il me voit.

Repères

• Vers 405 : Hermione a reçu, par l'intermédiaire de l'ambassade d'Oreste, une lettre de son père : quelle information nouvelle le spectateur apprend-il ? Quelles peuvent en être les conséquences ?
• Comment comprenez-vous les vers 445 à 448 : quelle facette du personnage se révèle là ?

Observation

• Quel est le genre de mots qu'Hermione emploie le plus : des mots d'action ou de sentiment ? des termes positifs ou négatifs ? Quelle image cela donne-t-il de son personnage ?
• Quel est le mot essentiel du vers 418 ? Quel est son sens ?
• Même observation sur le vers 421.
• Analysez les vers 436 et 440 : quelle particularité présentent-ils ? Qu'est-ce que cela révèle sur le personnage ?
• Quel est le ton du vers 476 ? Quel en est le sens ? Quel rapport entretient-il avec le vers 475 (premier hémistiche) ?

Interprétations

Le personnage et le spectateur.
• Qui en sait le plus sur l'état des négociations et des décisions des différents personnages : Hermione ou le spectateur ? Cela rend-il le personnage plus pathétique ou plus antipathique ?
• Vers 471 à 475 : peut-on croire qu'Hermione est sincère ? Pourquoi ?
• Cette scène complète l'exposition : quel effet produit l'arrivée d'Hermione en scène après que les autres protagonistes ont déjà été vus par le public ?
• Il a été beaucoup question d'Hermione dans l'acte précédent. Qui en a parlé ? En quels termes ? Le personnage tel qu'il apparaît est-il conforme à ce qui en a été dit ?
• Hermione parle beaucoup de troubles, de vengeance, de colère… Quelle tonalité nouvelle apportent ses propos ?

SCÈNE 2. HERMIONE, ORESTE, CLÉONE.

HERMIONE

Le croirai-je, Seigneur, qu'un reste de tendresse
Vous fasse ici chercher une triste princesse ?
Ou ne dois-je imputer qu'à votre seul devoir
480 L'heureux empressement qui vous porte à me voir ?

ORESTE

Tel est de mon amour l'aveuglement funeste,
Vous le savez, Madame, et le destin d'Oreste
Est de venir sans cesse adorer vos attraits,
Et de jurer toujours qu'il n'y viendra jamais.
485 Je sais que vos regards vont rouvrir mes blessures,
Que tous mes pas vers vous sont autant de parjures[1] :
Je le sais, j'en rougis ; mais j'atteste les dieux,
Témoins de la fureur de mes derniers adieux,
Que j'ai couru partout où ma perte certaine[2]
490 Dégageait mes serments et finissait ma peine.
J'ai mendié la mort chez des peuples cruels
Qui n'apaisaient leurs dieux que du sang des mortels :
Ils m'ont fermé leur temple ; et ces peuples barbares
De mon sang prodigué[3] sont devenus avares[4].
495 Enfin je viens à vous, et je me vois réduit
À chercher dans vos yeux une mort qui me fuit.
Mon désespoir n'attend que leur indifférence :
Ils n'ont qu'à m'interdire un reste d'espérance,
Ils n'ont, pour avancer cette mort où je cours,
500 Qu'à me dire une fois[5] ce qu'ils m'ont dit toujours.
Voilà, depuis un an, le seul soin qui m'anime.

---

1. **Parjures** : actes par lesquels on trahit un serment qu'on a fait.
2. **Où ma perte certaine** : où la certitude de mourir semblait évidente.
3. **Prodigué** : tournure très condensée, imitée de la syntaxe latine ; Oreste aurait volontiers voulu qu'on versât son sang, puisqu'il souhaitait mourir.
4. **Avares** : qui gardent, qui conservent ; « ces peuples... avares » désignent ici ceux qui ont épargné le sang d'Oreste.
5. **Une fois** : une fois de plus.

Oreste (Richard Berry) et Hermione (Miou-Miou).
Mise en scène de Roger Planchon.
T.N.P. de Lyon, 1989.

Madame, c'est à vous de prendre une victime
Que les Scythes[1] auraient dérobée à vos coups
Si j'en avais trouvé d'aussi cruels que vous.

HERMIONE

505 Quittez[2], Seigneur, quittez ce funeste langage.
À des soins plus pressants la Grèce vous engage.
Que parlez-vous du Scythe et de mes cruautés ?
Songez à tous ces rois que vous représentez.
Faut-il que d'un transport leur vengeance dépende ?
510 Est-ce le sang d'Oreste enfin qu'on vous demande ?
Dégagez-vous des soins dont vous êtes chargé[3].

ORESTE

Les refus de Pyrrhus m'ont assez dégagé,
Madame : il me renvoie ; et quelque autre puissance
Lui fait du fils d'Hector embrasser la défense.

HERMIONE

515 L'infidèle !

ORESTE

                    Ainsi donc, tout prêt à le quitter,
Sur mon propre destin je viens vous consulter.
Déjà même je crois entendre la réponse
Qu'en secret contre moi votre haine prononce.

HERMIONE

Hé quoi ? toujours injuste en vos tristes discours,
520 De mon inimitié vous plaindrez-vous toujours ?
Quelle est cette rigueur tant de fois alléguée ?
J'ai passé dans l'Épire où j'étais reléguée[4] :
Mon père l'ordonnait ; mais qui sait si depuis
Je n'ai point en secret partagé vos ennuis ?
525 Pensez-vous avoir seul éprouvé des alarmes ;
Que l'Épire jamais n'ait vu couler mes larmes ?

---

1. **Scythes** : peuple vivant au nord de la mer Noire.
2. **Quittez** : abandonnez, n'employez plus.
3. **Dégagez-vous... chargé** : accomplissez votre mission.
4. **Reléguée** : obligée d'aller.

Enfin, qui vous a dit que malgré mon devoir
Je n'ai pas quelquefois souhaité de vous voir ?

ORESTE

Souhaité de me voir ! Ah ! divine Princesse...
530 Mais, de grâce, est-ce à moi que ce discours s'adresse ?
Ouvrez vos yeux : songez qu'Oreste est devant vous,
Oreste, si longtemps l'objet de leur courroux.

HERMIONE

Oui, c'est vous dont l'amour, naissant avec leurs charmes,
Leur apprit le premier le pouvoir de leurs armes[1] ;
535 Vous que mille vertus me forçaient d'estimer ;
Vous que j'ai plaint, enfin que je voudrais aimer.

ORESTE

Je vous entends[2]. Tel est mon partage funeste :
Le cœur est pour Pyrrhus, et les vœux pour Oreste.

HERMIONE

Ah ! ne souhaitez pas le destin de Pyrrhus :
540 Je vous haïrais trop.

ORESTE

                    Vous m'en aimeriez plus.
Ah ! que vous me verriez d'un regard bien contraire !
Vous me voulez aimer, et je ne puis vous plaire ;
Et l'amour seul alors se faisant obéir,
Vous m'aimeriez, Madame, en me voulant haïr.
545 Ô dieux ! tant de respects, une amitié si tendre...
Que de raisons pour moi[3], si vous pouviez m'entendre !
Vous seule pour Pyrrhus disputez[4] aujourd'hui,
Peut-être malgré vous, sans doute malgré lui :
Car enfin il vous hait ; son âme ailleurs éprise
550 N'a plus...

---

1. **Armes** : métaphore galante, où les yeux sont implicitement comparés à des arcs qui, selon la tradition, tiraient des flèches blessant le cœur de celui qui devenait amoureux.
2. **Entends** : comprends.
3. **Pour moi** : en ma faveur.
4. **Disputez** : argumentez (sens premier).

HERMIONE

Qui vous l'a dit, Seigneur, qu'il me méprise ?
Ses regards, ses discours vous l'ont-ils donc appris ?
Jugez-vous que ma vue inspire des mépris,
Qu'elle allume en un cœur des feux si peu durables ?
Peut-être d'autres yeux me sont plus favorables.

ORESTE

555 Poursuivez : il est beau de m'insulter[1] ainsi.
Cruelle, c'est donc moi qui vous méprise ici ?
Vos yeux n'ont pas assez éprouvé[2] ma constance ?
Je suis donc un témoin de leur peu de puissance ?
Je les ai méprisés ? Ah ! qu'ils voudraient bien voir
560 Mon rival comme moi mépriser leur pouvoir !

HERMIONE

Que m'importe, Seigneur, sa haine ou sa tendresse ?
Allez contre un rebelle armer toute la Grèce ;
Rapportez-lui le prix de sa rébellion ;
Qu'on fasse de l'Épire un second Ilion.
565 Allez. Après cela direz-vous que je l'aime ?

ORESTE

Madame, faites plus, et venez-y vous-même.
Voulez-vous demeurer pour otage en ces lieux ?
Venez dans tous les cœurs faire parler vos yeux[3].
Faisons de notre haine une commune attaque.

HERMIONE

570 Mais, Seigneur, cependant[4], s'il épouse Andromaque ?

ORESTE

Hé, Madame !

---

1. **Insulter** : avoir une attitude blessante.
2. **Éprouvé** : mis à l'épreuve.
3. **Venez... vos yeux** : venez émouvoir tous les Grecs de votre chagrin (langage galant).
4. **Cependant** : pendant ce temps.

HERMIONE
Songez quelle honte pour nous,
Si d'une Phrygienne il devenait l'époux !

ORESTE
Et vous le haïssez ! Avouez-le, Madame,
L'amour n'est pas un feu qu'on renferme en une âme ;
575 Tout nous trahit, la voix, le silence, les yeux,
Et les feux[1] mal couverts n'en éclatent que mieux.

HERMIONE
Seigneur, je le vois bien, votre âme prévenue[2]
Répand sur mes discours le venin qui la tue,
Toujours dans mes raisons cherche quelque détour,
580 Et croit qu'en moi la haine est un effort d'amour.
Il faut donc m'expliquer ; vous agirez ensuite.
Vous savez qu'en ces lieux mon devoir m'a conduite ;
Mon devoir m'y retient ; et je n'en puis partir
Que[3] mon père ou Pyrrhus ne m'en fassent sortir.
585 De la part de mon père allez lui faire entendre
Que l'ennemi des Grecs ne peut être son gendre.
Du Troyen ou de moi faites-le décider[4] :
Qu'il songe qui des deux il veut rendre ou garder ;
Enfin qu'il me renvoie, ou bien qu'il vous le livre.
590 Adieu. S'il y consent, je suis prête à vous suivre.

---

1. **Feux** : jeu sur ce mot ; Oreste fait référence à un dicton, où « feu » est pris au sens premier (« les incendies mal éteints »), et évoque en même temps le sens figuré.
2. **Prévenue** : qui a un préjugé.
3. **Que** : à moins que.
4. **Du Troyen... décider** : obligez-le à choisir entre les deux.

REPÈRES

• De quoi Oreste parle-t-il le plus ?
• Quelle information nouvelle Hermione apprend-elle de la bouche d'Oreste ? Quelle hypothèse envisage-t-elle alors ? Obéit-elle aux ordres de son père (reportez-vous aux v. 406 à 408) ? Pourquoi ?

OBSERVATION

• Comment comprenez-vous le vers 480 ? Les vers 533 à 536 ? Quels sont les vrais sentiments d'Hermione envers Oreste ?
• Quel est le sens du vers 507 ? Son ton ?
• La dernière réplique d'Hermione (v. 577 à 590) : qu'exige-t-elle d'Oreste ? Pourquoi le renvoie-t-elle voir Pyrrhus ? A-t-elle besoin de plus de précisions pour obéir à son père ? Quelles sont les raisons qui la poussent à demander une confirmation de la décision de Pyrrhus ?

INTERPRÉTATIONS

Le *lamento* galant d'Oreste.
• Relevez les mots, expressions et métaphores qui parlent d'amour dans les vers 481 à 504. Distinguez les termes employés au sens propre et ceux qui sont employés au sens figuré : que constatez-vous ?
• Combien de temps a duré l'errance d'Oreste ? Depuis combien de temps était-il séparé de Pylade (reportez-vous à la scène 1 de l'acte I) et quelle durée évoque-t-il ici ? Quels dangers a-t-il courus ? Comment comprenez-vous les vers 503 et 504 ?
• Amour et haine (v. 537 à 560) : quelles sont, selon Oreste, les origines possibles des sentiments amoureux ? Lesquelles sont les plus fortes ? Quelle est la réaction d'Hermione à ses propos ? Pourquoi Oreste se sent-il « insulté » (v. 555) ?
• Quel est le sens exact du mot « lamento » ? En quoi s'applique-t-il au discours d'Oreste dans cette scène ?

SCÈNE 3. ORESTE, *seul.*

Oui, oui, vous me suivrez, n'en doutez nullement ;
Je vous réponds déjà de son consentement.
Je ne crains pas enfin que Pyrrhus la retienne :
Il n'a devant les yeux que sa chère Troyenne ;
595 Tout autre objet le blesse[1] ; et peut-être aujourd'hui
Il n'attend qu'un prétexte à l'éloigner[2] de lui.
Nous n'avons qu'à parler : c'en est fait. Quelle joie
D'enlever à l'Épire une si belle proie !
Sauve tout ce qui reste et de Troie et d'Hector,
600 Garde son fils, sa veuve, et mille autres encor,
Épire : c'est assez qu'Hermione rendue
Perde[3] à jamais tes bords et ton prince de vue.
Mais un heureux destin le conduit en ces lieux.
Parlons. À tant d'attraits, Amour, ferme ses yeux !

SCÈNE 4. PYRRHUS, ORESTE, PHŒNIX.

PYRRHUS
605 Je vous cherchais, Seigneur. Un peu de violence
M'a fait de vos raisons combattre la puissance,
Je l'avoue ; et depuis que je vous ai quitté,
J'en ai senti la force et connu[4] l'équité.
J'ai songé, comme vous, qu'à la Grèce, à mon père,
610 À moi-même, en un mot, je devenais contraire ;
Que je relevais Troie, et rendais imparfait
Tout ce qu'a fait Achille, et tout ce que j'ai fait.

---

1. **Tout... blesse** : tout ce qu'il voit, sauf Andromaque, l'irrite.
2. **À l'éloigner** : pour éloigner Hermione.
3. **C'est assez qu'Hermione rendue perde...** : cela me satisfait si Hermione, restituée à Oreste, perd...
4. **Connu** : reconnu.

Je ne condamne plus un courroux légitime,
Et l'on vous va, Seigneur, livrer votre victime.

ORESTE

615 Seigneur, par ce conseil[1] prudent et rigoureux,
C'est acheter la paix du sang d'un malheureux.

PYRRHUS

Oui ; mais je veux, Seigneur, l'assurer davantage :
D'une éternelle paix Hermione est le gage ;
Je l'épouse. Il semblait qu'un spectacle si doux
620 N'attendît en ces lieux qu'un témoin tel que vous :
Vous y représentez tous les Grecs et son père,
Puisqu'en vous Ménélas voit revivre son frère.
Voyez-la donc. Allez. Dites-lui que demain
J'attends avec la paix son cœur de votre main[2].

ORESTE

625 Ah dieux !

---

1. **Conseil :** décision (sens latin de *consilium*).
2. **Son cœur de votre main :** « cœur » est employé au sens galant ; Pyrrhus demande à Oreste d'être le représentant du père d'Hermione pour la cérémonie du mariage, où il la conduira (à son bras) jusqu'à l'autel.

REPÈRES

• Le monologue d'Oreste (scène 3) : Oreste a-t-il raison de croire qu'Hermione le suivra ? Comment comprenez-vous le vers 604 ?
• Que demande Pyrrhus à Oreste ? Distinguez les deux missions qu'il exige de lui.
• Quand doit avoir lieu le mariage de Pyrrhus et d'Hermione ? Pourquoi ?

OBSERVATION

• « C'en est fait » : cette expression revient souvent dans les tragédies de Racine. Quel est son sens ? Oreste a-t-il raison de l'employer ici ?
• La péripétie (retournement de l'action en son contraire, revirement) : qu'annonce Pyrrhus (v. 605 à 614) ? Le spectateur pouvait-il s'attendre à cette nouvelle ?
• Que doit-on supposer qu'il s'est passé durant l'entracte et pendant que se déroulait l'entrevue entre Hermione et Oreste ?

INTERPRÉTATIONS

Un amoureux en état de choc.
• Dans les tragédies classiques, un monologue (scène 3) était censé, par convention, permettre au public de connaître les pensées d'un personnage. Quel est le ton des propos d'Oreste dans son monologue ? Quel rapport a-t-il avec les propos qu'il a tenus auparavant ?
• Le coup de théâtre : quel contraste est créé entre la scène 3 et la scène 4 ? Le revirement de Pyrrhus était-il prévisible ? Qui est surpris par cette péripétie : Oreste ? Les spectateurs ?
• Les répliques d'Oreste : pourquoi sont-elles aussi brèves ? Qu'essaye-t-il de dire dans les vers 615 et 616 ? Comment, selon vous, faut-il prononcer le vers 625 ?
• La rapidité du changement et la « fuite » d'Oreste : la nouvelle qui le surprend était-elle hors de ses plans de manœuvre (revoir acte I scène 1) ?
• Péripétie, personnage et mise en scène : essayez de définir avec quels gestes doit se faire la sortie d'Oreste pour montrer aux spectateurs l'état d'esprit du personnage.

SCÈNE 5. PYRRHUS, PHŒNIX.

PYRRHUS
Eh bien, Phœnix, l'amour est-il le maître ?
Tes yeux refusent-ils encor de me connaître ?

PHŒNIX
Ah ! je vous reconnais ; et ce juste courroux,
Ainsi qu'à tous les Grecs, Seigneur, vous rend à vous.
Ce n'est plus le jouet d'une flamme servile[1] :
630 C'est Pyrrhus, c'est le fils et le rival d'Achille,
Que la gloire à la fin ramène sous ses lois,
Qui triomphe de Troie une seconde fois.

PYRRHUS
Dis plutôt qu'aujourd'hui commence ma victoire,
D'aujourd'hui seulement je jouis de ma gloire ;
635 Et mon cœur, aussi fier que tu l'as vu soumis,
Croit avoir en l'amour vaincu mille ennemis.
Considère, Phœnix, les troubles que j'évite,
Quelle foule de maux l'amour traîne à sa suite,
Que d'amis, de devoirs, j'allais sacrifier,
640 Quels périls... Un regard m'eût tout fait oublier.
Tous les Grecs conjurés fondaient sur un rebelle ;
Je trouvais du plaisir à me perdre pour elle.

PHŒNIX
Oui, je bénis, Seigneur, l'heureuse cruauté[2]
Qui vous rend...

PYRRHUS
Tu l'as vu, comme elle m'a traité.
645 Je pensais, en voyant sa tendresse alarmée,
Que son fils me la dût renvoyer désarmée.

---

1. **Jouet... servile** : celui qui est l'esclave (servile) de celle qu'il aime.
2. **Je bénis... cruauté** : Phœnix se réjouit de l'indifférence (« l'heureuse cruauté ») d'Andromaque envers Pyrrhus, grâce à laquelle celui-ci a changé d'attitude.

J'allais voir le succès[1] de ses embrassements :
Je n'ai trouvé que pleurs mêlés d'emportements.
Sa misère l'aigrit ; et toujours plus farouche[2],
650 Cent fois le nom d'Hector est sorti de sa bouche.
Vainement à son fils j'assurais mon secours :
« C'est Hector, disait-elle, en l'embrassant toujours ;
Voilà ses yeux, sa bouche, et déjà son audace ;
C'est lui-même ; c'est toi, cher époux, que j'embrasse. »
655 Et quelle est sa pensée ? attend-elle en ce jour
Que je lui laisse un fils pour nourrir son amour[3] ?

PHŒNIX

Sans doute, c'est le prix que vous gardait l'ingrate.
Mais laissez-la, Seigneur.

PYRRHUS
                Je vois ce qui la flatte[4] :
Sa beauté la rassure, et malgré mon courroux,
660 L'orgueilleuse m'attend encore à ses genoux.
Je la verrais aux miens, Phœnix, d'un œil tranquille.
Elle est veuve d'Hector, et je suis fils d'Achille :
Trop de haine sépare Andromaque et Pyrrhus.

PHŒNIX

Commencez donc, Seigneur, à ne m'en parler plus.
665 Allez voir Hermione ; et content[5] de lui plaire,
Oubliez à ses pieds jusqu'à votre colère.
Vous-même à cet hymen venez la disposer.
Est-ce sur un rival qu'il s'en faut reposer ?
Il ne l'aime que trop.

---

1. **Succès** : résultat (bon ou mauvais).
2. **Farouche** : se rapporte à « l' » (Andromaque), selon une construction syntaxique peu orthodoxe (voir le vers 301).
3. **Son amour** : l'amour d'Andromaque pour Hector.
4. **La flatte** : lui donne du courage en entretenant des idées fausses.
5. **Content** : satisfait, vous contentant de.

PYRRHUS

Crois-tu, si je l'épouse,
670 Qu'Andromaque en son cœur n'en sera pas jalouse ?

PHŒNIX

Quoi ? toujours Andromaque occupe votre esprit !
Que vous importe, ô dieux ! sa joie ou son dépit ?
Quel charme, malgré vous, vers elle vous attire ?

PYRRHUS

Non, je n'ai pas bien dit tout ce qu'il lui faut dire :
675 Ma colère à ses yeux n'a paru qu'à demi ;
Elle ignore à quel point je suis son ennemi.
Retournons-y. Je veux la braver à sa vue[1],
Et donner à ma haine une libre étendue.
Viens voir tous ses attraits, Phœnix, humiliés.
680 Allons.

PHŒNIX

Allez, Seigneur, vous jeter à ses pieds ;
Allez, en lui jurant que votre âme l'adore,
À de nouveaux mépris l'encourager encore.

PYRRHUS

Je le vois bien, tu crois que prêt à l'excuser
Mon cœur court après elle et cherche à s'apaiser.

PHŒNIX

685 Vous aimez : c'est assez.

PYRRHUS

Moi, l'aimer ? une ingrate
Qui me hait d'autant plus que mon amour la flatte ?
Sans parents, sans amis, sans espoir que sur moi[2],
Je puis perdre son fils, peut-être je le doi[3] ;
Étrangère... que dis-je ? esclave dans l'Épire,
690 Je lui donne son fils, mon âme, mon empire,

---

1. **La braver à sa vue** : la défier en face.
2. **Que sur moi** : si ce n'est moi.
3. **Doi** : forme archaïque de la première personne, qui permet une meilleure rime « pour l'œil ».

Et je ne puis gagner dans son perfide cœur
D'autre rang que celui de son persécuteur !
Non, non, je l'ai juré, ma vengeance est certaine :
Il faut bien une fois justifier sa haine,
695 J'abandonne son fils. Que de pleurs vont couler !
De quel nom sa douleur me va-t-elle appeler !
Quel spectacle pour elle aujourd'hui se dispose !
Elle en mourra, Phœnix, et j'en serai la cause.
C'est lui mettre moi-même un poignard dans le sein.

PHŒNIX

700 Et pourquoi donc en faire éclater le dessein ?
Que ne consultiez-vous tantôt votre faiblesse ?

PYRRHUS

Je t'entends. Mais excuse un reste de tendresse.
Crains-tu pour ma colère un si faible combat ?
D'un amour qui s'éteint c'est le dernier éclat.
705 Allons. À tes conseils, Phœnix, je m'abandonne.
Faut-il livrer son fils ? faut-il voir Hermione ?

PHŒNIX

Oui, voyez-la, Seigneur, et par des vœux soumis,
Protestez-lui[1]...

PYRRHUS

Faisons tout ce que j'ai promis.

---

1. **Protestez-lui :** promettez-lui par un serment (sens latin du verbe).

Talma (1763-1826) dans le rôle d'Oreste.
Dessin d'Albert Decaris pour le timbre émis en 1961.
© A.D.A.G.P. Musée de la Poste, Paris.

REPÈRES

• Qui est Phœnix ? Reportez-vous à la liste des personnages et cherchez le sens du mot « gouverneur ». Dans une tragédie classique, il est habituel que les personnages soient accompagnés d'un confident : reportez-vous au « bilan » de l'acte I et précisez quelle particularité se confirme ici en ce qui concerne Phœnix.

• Quels sont les arguments essentiels que Phœnix développe en faveur du mariage de Pyrrhus avec Hermione ? Citez le texte. Quelles forces agissantes essaye-t-il de faire intervenir ? A-t-il, selon vous, des chances de réussir ?

• Qui Pyrrhus essaye-t-il de convaincre dans les vers 637 à 640 : Phœnix ou lui-même ?

OBSERVATION

• À partir du vers 657, les répliques de Phœnix apportent-elles chacune une idée nouvelle ? Quelle idée revient, sous diverses formes ? Pourquoi cette redondance ?

• Comment faut-il que l'acteur qui jouerait Phœnix dise les vers 707 et 708 ?

• Quel est le vrai but de Pyrrhus quand il décide d'aller voir Andromaque encore une fois ? Quelle force le fait agir ainsi ?

INTERPRÉTATIONS

Le roi et son conseiller.

• Ce que décrit Pyrrhus dans les vers 644 à 656, Phœnix y a assisté : à qui est réellement destiné ce récit ? Pyrrhus est-il en état d'écouter les avis de Phœnix ?

• Phœnix devine-t-il bien les sentiments de Pyrrhus ? Citez le texte. En quoi son intervention est-elle utile pour le public ?

• Dans la tradition d'Ancien Régime, un lieu commun très représenté est celui qui dit que les princes sont mal conseillés et victimes de leurs conseillers flatteurs : Phœnix est-il un flatteur ? Est-il un bon ou un mauvais conseiller ?

Récapitulation

• Quels sont les personnages qu'on a vus sur scène au cours de cet acte, et quels sont ceux qu'on n'y a pas vus du tout ?

• Qu'a-t-on appris au sujet d'Andromaque ? Comparez ces informations avec la fin de l'acte I.

• Quels sont les personnages nouveaux qui sont apparus sur scène au cours de cet acte ? Qu'a-t-on appris à leur sujet ? Comparez avec la fin de l'acte I et ce que l'on savait alors par l'intermédiaire des propos des autres personnages.

De l'exposition au nœud de l'action

• En quoi l'acte II a-t-il complété l'exposition ?

• Le « nœud de l'action » est le moment où, l'exposition étant complète, un conflit essentiel est en place : quel est-il ici ? À quel moment exactement a-t-il été énoncé ?

• Quel a été le rôle de l'entracte ? Combien de temps, dans la fiction, est censé s'être écoulé durant cet entracte ?

• Comment peut-on comprendre les derniers mots de Pyrrhus à la fin de l'acte ? Cela crée-t-il un effet de suspens ? Que peut imaginer le spectateur comme hypothèses sur la suite de l'action ?

• L'action étant « nouée », les caractères des personnages se sont précisés aussi : quel inventaire peut-on en dresser à ce moment de la pièce ? Lequel des personnages a le plus évolué ?

ACTE III

SCÈNE PREMIÈRE. ORESTE, PYLADE.

PYLADE

Modérez donc, Seigneur, cette fureur extrême.
710 Je ne vous connais plus ; vous n'êtes plus vous-même.
Souffrez...

ORESTE

Non, tes conseils ne sont plus de saison,
Pylade ; je suis las d'écouter la raison.
C'est traîner trop longtemps ma vie et mon supplice :
Il faut que je l'enlève[1], ou bien que je périsse.
715 Le dessein en est pris, je le veux achever[2].
Oui, je le veux.

PYLADE

Eh bien ! il la faut enlever,
J'y consens. Mais songez cependant où vous êtes.
Que croira-t-on de vous, à voir ce que vous faites ?
Dissimulez : calmez ce transport inquiet ;
720 Commandez à vos yeux de garder le secret.
Ces gardes, cette cour, l'air qui vous environne,
Tout dépend de[3] Pyrrhus, et surtout Hermione.
À ses regards surtout cachez votre courroux.
Ô dieux ! en cet état pourquoi la cherchiez-vous ?

ORESTE

725 Que sais-je ? De moi-même étais-je alors le maître ?
La fureur m'emportait, et je venais peut-être
Menacer à la fois l'ingrate et son amant.

---

1. **Que je l'enlève :** que j'enlève Hermione.
2. **Le dessein... achever :** le projet en est fait, je veux le mener jusqu'à son terme.
3. **Dépend de :** est soumis au pouvoir de.

PYLADE

Et quel était[1] le fruit de cet emportement ?

ORESTE

Et quelle âme, dis-moi, ne serait éperdue[2]
730 Du coup dont ma raison vient d'être confondue[3] ?
Il épouse, dit-il, Hermione demain ;
Il veut, pour m'honorer, la tenir de ma main.
Ah ! plutôt cette main dans le sang du barbare...

PYLADE

Vous l'accusez, Seigneur, de ce destin bizarre ;
735 Cependant, tourmenté de ses propres desseins,
Il est peut-être à plaindre autant que je vous plains.

ORESTE

Non, non, je le connais, mon désespoir le flatte[4] ;
Sans moi, sans mon amour, il dédaignait l'ingrate ;
Ses charmes jusque-là n'avaient pu le toucher :
740 Le cruel ne la prend que pour me l'arracher.
Ah dieux ! c'en était fait : Hermione gagnée
Pour jamais de sa vue allait être éloignée,
Son cœur, entre l'amour et le dépit confus[5],
Pour se donner à moi n'attendait qu'un refus,
745 Ses yeux s'ouvraient, Pylade, elle écoutait Oreste,
Lui parlait, le plaignait... Un mot eût fait le reste.

PYLADE

Vous le croyez !

ORESTE

Hé quoi ? ce courroux enflammé
Contre un ingrat...

---

1. **Quel était** : l'imparfait de l'indicatif équivaut ici au conditionnel passé (quel aurait été...).
2. **Éperdue** : profondément troublée.
3. **Confondue** : plongée dans la confusion.
4. **Le flatte** : ici, lui fait plaisir.
5. **Confus** : ne parvenant pas à se décider.

PYLADE
Jamais il ne fut plus aimé.
Pensez-vous, quand Pyrrhus vous l'aurait accordée,
750 Qu'un prétexte tout prêt ne l'eût pas retardée ?
M'en croirez-vous ? Lassé de ses trompeurs attraits,
Au lieu de l'enlever, fuyez-la pour jamais.
Quoi ? votre amour se veut charger d'une furie[1]
Qui vous détestera, qui toute votre vie,
755 Regrettant un hymen tout prêt à s'achever,
Voudra...

ORESTE
C'est pour cela que je veux l'enlever.
Tout lui rirait[2], Pylade ; et moi, pour mon partage,
Je n'emporterais donc qu'une inutile rage ?
J'irais loin d'elle encor tâcher de l'oublier ?
760 Non, non, à mes tourments, je veux l'associer.
C'est trop gémir tout seul. Je suis las qu'on me plaigne.
Je prétends qu'à mon tour l'inhumaine me craigne,
Et que ses yeux cruels, à pleurer condamnés,
Me rendent tous les noms que je leur ai donnés[3].

PYLADE
765 Voilà donc le succès qu'aura votre ambassade :
Oreste ravisseur !

ORESTE
Et qu'importe, Pylade ?
Quand nos États vengés jouiront de mes soins,
L'ingrate de mes pleurs jouira-t-elle moins ?
Et que me servira que la Grèce m'admire,

---

1. **Une furie** : une femme (Hermione) qui cherchera sans cesse à faire du mal (les Furies étaient, dans la mythologie, les déesses de la Vengeance).
2. **Tout lui rirait** : tout lui serait agréable, tout aurait pour elle un aboutissement heureux.
3. **Et que ses yeux... ai donnés** : cette phrase ne peut se comprendre qu'en se rapportant encore au langage galant : les « yeux » d'Hermione désignent d'abord une partie de la personne (vers 763), puis l'être même d'Hermione (vers 764), grâce à la synecdoque (voir p. 207).

770 Tandis que je serai la fable[1] de l'Épire ?
Que veux-tu ? Mais, s'il faut ne te rien déguiser,
Mon innocence enfin commence à me peser.
Je ne sais de tout temps quelle injuste puissance
Laisse le crime en paix, et poursuit l'innocence.
775 De quelque part sur moi que je tourne les yeux[2],
Je ne vois que malheurs qui condamnent les dieux[3].
Méritons leur courroux, justifions leur haine,
Et que le fruit du crime en précède la peine.
Mais toi, par quelle erreur veux-tu toujours sur toi
780 Détourner un courroux qui ne cherche que moi ?
Assez et trop longtemps mon amitié t'accable :
Évite un malheureux, abandonne un coupable.
Cher Pylade, crois-moi, ta pitié te séduit[4].
Laisse-moi des périls dont j'attends tout le fruit.
785 Porte aux Grecs cet enfant que Pyrrhus m'abandonne.
Va-t'en.

PYLADE

Allons, Seigneur, enlevons Hermione.
Au travers des périls un grand cœur se fait jour.
Que ne peut l'amitié conduite par l'amour ?
Allons de tous vos Grecs encourager le zèle.
790 Nos vaisseaux sont tout prêts, et le vent nous appelle.
Je sais de ce palais tous les détours obscurs ;
Vous voyez que la mer en vient battre les murs,
Et cette nuit, sans peine, une secrète voie
Jusqu'en votre vaisseau conduira votre proie.

---

1. **La fable** : le sujet de conversations moqueuses.
2. **De quelque part sur moi que je tourne les yeux** : quel que soit l'aspect de ma vie que j'envisage.
3. **Qui... dieux** : qui montrent que les dieux sont injustes.
4. **Te séduit** : au sens premier, t'égare, te fait perdre le droit chemin.

ORESTE

795 J'abuse, cher ami, de ton trop d'amitié
Mais pardonne à des maux dont toi seul as pitié ;
Excuse un malheureux qui perd tout ce qu'il aime,
Que tout le monde hait, et qui se hait lui-même.
Que ne puis-je à mon tour dans un sort plus heureux...

PYLADE

800 Dissimulez, Seigneur ; c'est tout ce que je veux.
Gardez[1] qu'avant le coup[2] votre dessein n'éclate :
Oubliez jusque-là qu'Hermione est ingrate ;
Oubliez votre amour. Elle vient, je la voi.

ORESTE

Va-t'en. Réponds-moi d'elle, et je réponds de moi.

---

1. **Gardez :** gardez-vous bien de, évitez.
2. **Le coup :** le moment de l'action.

Repères

• Quel est l'état d'esprit d'Oreste ? Relevez dans les vers 709 à 730 les mots qui expriment ses sentiments et, en vous aidant du lexique (p. 208), précisez la nature de ceux-ci.
• Quels conseils donne Pylade à Oreste dans les vers 716 à 724 ? Est-ce vraiment un appel à la raison ?
• Dans les vers 748 à 756, qu'est-ce que Pylade essaye de suggérer à Oreste ? Qu'est-ce qui explique son changement de propos ?

Observation

• Comment se fait l'entrée en scène des deux personnages : quels sont leurs gestes, leurs mimiques, leurs tons de voix ? Quelles didascalies implicites dans le texte permettent de le savoir ?
• Expliquez le sens précis de « ravisseur » (v. 766). Sur quel ton est prononcée la phrase où apparaît ce mot ?
• Pylade emploie deux fois le verbe « dissimuler » (v. 719 et 800) : à quels mode et temps ? Quel est le sens précis de ce mot ? Cherchez d'autres expressions équivalentes. Pourquoi Pylade parle-t-il en ces termes ?

Interprétations

Le dévouement amical et ses risques.
• Comment évolue l'attitude d'Oreste : de quoi parle-t-il le plus ? Quels mots emploie-t-il de plus en plus souvent ? Quels sont les traits de caractère qui, dans les vers 756 à 786, s'affirment de plus en plus chez lui ?
• Comment évolue l'attitude de Pylade envers Oreste ? Quels mots sont les plus fréquents dans ses propos ? De quel « grand cœur » parle-t-il (v. 787) ?
• Comment comprenez-vous l'expression « Que ne peut l'amitié conduite par l'amour ? » (v. 788) ?
• Après avoir recherché le sens d'« amitié » et d'« amour » au XVIIe siècle, vous essaierez de préciser comment l'amitié de Pylade vous paraît bénéfique pour Oreste ou au contraire si elle vous semble comporter des risques ? Oreste témoigne-t-il de l'amitié active à Pylade ? Enfin, vous comparerez leurs rapports à ce moment de la pièce et ceux que l'on a vus à l'acte I scène 1.

SCÈNE 2. HERMIONE, ORESTE, CLÉONE.

ORESTE

805 Eh bien ! mes soins vous ont rendu votre conquête.
J'ai vu Pyrrhus, Madame, et votre hymen s'apprête.

HERMIONE

On le dit ; et de plus on vient de m'assurer
Que vous ne me cherchiez que pour m'y préparer.

ORESTE

Et votre âme à ses vœux ne sera pas rebelle ?

HERMIONE

810 Qui l'eût cru que Pyrrhus ne fût pas infidèle ?
Que sa flamme attendrait si tard pour éclater ?
Qu'il reviendrait à moi, quand je l'allais quitter ?
Je veux croire avec vous qu'il redoute la Grèce,
Qu'il suit son intérêt plutôt que sa tendresse,
815 Que mes yeux sur votre âme étaient plus absolus[1].

ORESTE

Non, Madame : il vous aime, et je n'en doute plus.
Vos yeux ne font-ils pas tout ce qu'ils veulent faire ?
Et vous ne vouliez pas sans doute lui déplaire.

HERMIONE

Mais que puis-je, Seigneur ? On a promis ma foi.
820 Lui ravirai-je un bien qu'il ne tient pas de moi ?
L'amour ne règle pas le sort d'une princesse :
La gloire d'obéir est tout ce qu'on nous laisse.
Cependant je partais, et vous avez pu voir
Combien je relâchais[2] pour vous de mon devoir.

---

1. **Absolus** : avaient un pouvoir sans limites.
2. **Relâchais** : cet emploi transitif indirect est vieilli aujourd'hui.

ORESTE

825 Ah ! que vous saviez bien, cruelle[1]... Mais, Madame,
Chacun peut à son choix disposer de son âme.
La vôtre était à vous. J'espérais ; mais enfin
Vous l'avez pu donner sans me faire un larcin[2].
Je vous accuse aussi bien moins que la fortune.
830 Et pourquoi vous lasser d'une plainte importune ?
Tel est votre devoir, je l'avoue ; et le mien
Est de vous épargner un si triste entretien.

SCÈNE 3. HERMIONE, CLÉONE.

HERMIONE

Attendais-tu, Cléone, un courroux si modeste ?

CLÉONE

La douleur qui se tait n'en est que plus funeste.
835 Je le plains d'autant plus qu'auteur de son ennui[3],
Le coup qui l'a perdu n'est parti que de lui.
Comptez depuis quel temps votre hymen se prépare ;
Il a parlé, Madame, et Pyrrhus se déclare.

HERMIONE

Tu crois que Pyrrhus craint ? Et que craint-il encor ?
840 Des peuples qui dix ans ont fui devant Hector,
Qui cent fois, effrayés de l'absence d'Achille,
Dans leurs vaisseaux brûlants ont cherché leur asile[4],
Et qu'on verrait encor, sans l'appui de son fils,

---

1. **Cruelle :** ici le mot n'est plus seulement pris dans son sens figuré du langage galant, mais retrouve son sens premier (comparez avec « cruauté » au vers 643).
2. **Larcin :** vol.
3. **Qu'auteur de son ennui :** comme il est le responsable de ses malheurs (construction très ramassée).
4. **Asile :** refuge.

Redemander Hélène aux Troyens[1] impunis ?
845 Non, Cléone, il n'est point ennemi de lui-même ;
Il veut tout ce qu'il fait, et s'il m'épouse, il m'aime.
Mais qu'Oreste à son gré m'impute[2] ses douleurs :
N'avons-nous d'entretien que celui de ses pleurs ?
Pyrrhus revient à nous ! Eh bien ! chère Cléone,
850 Conçois-tu les transports de l'heureuse Hermione ?
Sais-tu quel est Pyrrhus ? T'es-tu fait raconter
Le nombre des exploits... mais qui les peut compter ?
Intrépide, et partout suivi de la victoire,
Charmant, fidèle enfin : rien ne manque à sa gloire.
855 Songe...

CLÉONE
Dissimulez. Votre rivale en pleurs
Vient à vos pieds, sans doute, apporter ses douleurs.

HERMIONE
Dieux ! ne puis-je à ma joie abandonner mon âme ?
Sortons : que lui dirais-je ?

---

1. **Redemander... Troyens** : l'enlèvement d'Hélène était le prétexte de la guerre de Troie (voir p. 216).
2. **M'impute** : me rende responsable.

REPÈRES

• Analysez le vers 825 : quelle est sa particularité ? Quelle serait la suite de la phrase d'Oreste, telle que les spectateurs peuvent l'imaginer ?
• À partir de la réponse à la question précédente, précisez si les premiers mots d'Oreste dans la scène 2 correspondent à la réalité. Est-ce lui qui a décidé Pyrrhus à épouser Hermione ? Pourquoi parle-t-il ainsi ?
• Hermione et Oreste sont-ils sincères l'un envers l'autre ?
• Hermione est-elle vraiment sûre de l'amour de Pyrrhus ?

OBSERVATION

• Comparez l'état d'esprit d'Oreste à la scène 1 et le ton qui est le sien à la scène 2 : comment s'explique la différence ? Comparez avec ce que l'on a déjà vu entre la scène 1 et la scène 2 de l'acte I.
• Quel est le sens de « courroux modeste » (v. 833) ?
• Quel conseil Cléone donne-t-elle à Hermione dans la scène 3 ? Comparez avec ceux que Pylade a donnés à Oreste.
• Hermione est-elle sincère envers elle-même ?

INTERPRÉTATIONS

Tragédie et dissimulation.
• Combien de mensonges pouvez-vous relever ? De quelle nature : par énoncé d'une contre-vérité ? Par omission ?
• Qui est en mesure de détecter le plus grand nombre de mensonges : les personnages ou le public ?
• Quelles conséquences peuvent avoir les mensonges qui s'accumulent ?
• Quel rôle Oreste joue-t-il malgré lui dans le cours des événements ? Comparez avec ses premiers mots au début de la pièce : quel effet en résulte ?
• Chez les théoriciens politiques d'Ancien Régime, comme Machiavel, l'art du secret et de la dissimulation pouvait être une qualité très nécessaire chez un prince pour assurer son pouvoir politique. À quoi s'applique ici la dissimulation ? Les personnages devraient-ils en avoir ? Lesquels sont les plus « effrayants » ?

SCÈNE 4. ANDROMAQUE, HERMIONE, CLÉONE, CÉPHISE.

ANDROMAQUE
                    Où fuyez-vous, Madame ?
N'est-ce pas à vos yeux un spectacle assez doux
860 Que la veuve d'Hector pleurante[1] à vos genoux ?
Je ne viens point ici, par de jalouses larmes,
Vous envier un cœur qui se rend à vos charmes.
Par une main cruelle, hélas ! j'ai vu percer
Le seul[2] où[3] mes regards prétendaient s'adresser.
865 Ma flamme par Hector fut jadis allumée ;
Avec lui dans la tombe elle s'est enfermée.
Mais il me reste un fils. Vous saurez quelque jour,
Madame, pour un fils jusqu'où va notre amour ;
Mais vous ne saurez pas, du moins je le souhaite,
870 En quel trouble mortel son intérêt nous jette,
Lorsque de tant de biens qui pouvaient nous flatter[4],
C'est le seul qui nous reste, et qu'on veut nous l'ôter.
Hélas ! lorsque, lassés de dix ans de misère,
Les Troyens en courroux menaçaient votre mère,
875 J'ai su de mon Hector lui procurer l'appui[5].
Vous pouvez sur Pyrrhus ce que j'ai pu sur lui.
Que craint-on d'un enfant qui survit à sa perte[6] ?
Laissez-moi le cacher en quelque île déserte ;

---

1. **Pleurante** : en français classique, on faisait encore usage du participe présent accordé comme un adjectif.
2. **Le seul** : le seul « cœur » ; encore un cas où un même terme est pris, dans une même phrase, une fois en son sens figuré et une fois au sens propre.
3. **Où** : auquel.
4. **Flatter** : ici, nous rendre fiers, nous réjouir.
5. **De mon Hector... l'appui** : durant le siège de Troie, les Troyens envisageaient de renvoyer Hélène à son mari, ce qu'elle ne voulait pas, et Hector la soutenait.
6. **À sa perte** : ambigu ; on peut comprendre « à la mort d'Hector ».

Sur les soins de sa mère on peut s'en assurer[1],
880 Et mon fils avec moi n'apprendra qu'à pleurer.

HERMIONE

Je conçois vos douleurs. Mais un devoir austère,
Quand mon père a parlé, m'ordonne de me taire.
C'est lui qui de Pyrrhus fait agir le courroux.
S'il faut fléchir Pyrrhus, qui le peut mieux que vous ?
885 Vos yeux assez longtemps ont régné sur son âme ;
Faites-le prononcer[2] : j'y souscrirai, Madame.

SCÈNE 5. ANDROMAQUE, CÉPHISE.

ANDROMAQUE

Quel mépris la cruelle attache à ses refus !

CÉPHISE

Je croirais ses conseils, et je verrais Pyrrhus.
Un regard confondrait Hermione et la Grèce...
890 Mais lui-même il vous cherche.

---

1. **S'en assurer :** être sûr qu'il ne s'échappera pas.
2. **Prononcer :** décider et rendre sa décision publique.

REPÈRES

• Quelle est l'attitude d'Andromaque ? Relevez la didascalie interne qui l'indique.
• Que demande Andromaque ? A-t-elle déjà évoqué cela auparavant ? Où ?
• Quelle est la réaction d'Hermione : est-elle émue ? Quel jeu de scène suppose le vers 857 ? Quels sentiments sa froideur recouvre-t-elle ?

OBSERVATION

• Relevez les principaux verbes au passé, au présent et au futur dans la tirade d'Andromaque (v. 859 à 880) : quelle vision de l'existence, celle qu'elle a déjà subie et celle qu'elle souhaite, s'exprime ?
• La réponse d'Hermione (v. 881 à 886) : quelle est la longueur des propositions ou phrases qu'elle prononce ? Qu'est-ce que cela indique ? Que supposent les vers 881 à 883 ? Qui a eu connaissance de la lettre de Ménélas (voir acte II scène 1) ?
• Le « conseil » de Céphise (v. 888) : pourquoi reprend-elle l'idée lancée par Hermione ?

INTERPRÉTATIONS

La suppliante et la pitié.
• Quels sont les quatre thèmes principaux qui se succèdent dans la tirade d'Andromaque ?
• Relevez les mots qui manifestent chez elle la plainte. Quel ton a son discours ?
• Quels sentiments exprime le ton des derniers mots d'Hermione ? Andromaque a-t-elle réussi dans son entreprise ? La pitié est-elle absente pour autant : chez les personnages ? chez les spectateurs ?
• Dans l'Antiquité, une symbolique forte s'attachait à certains gestes : ainsi, le suppliant à genoux était considéré comme « sacré ». Quelles consignes un metteur en scène pourrait-il donner à l'actrice chargée du rôle d'Andromaque ? Et à celle qui jouerait Hermione ? Comment répartir les tonalités de chacune des scènes : les exploits de la guerre de Troie sont évoqués dans l'une et l'autre : comment jouer de cette similitude ? Quel effet peut s'exercer là sur le spectateur ?

SCÈNE 6. PYRRHUS, ANDROMAQUE, PHŒNIX, CÉPHISE.

PYRRHUS, *à Phœnix.*

Où donc est la princesse[1] ?
Ne m'avais-tu pas dit qu'elle était en ces lieux ?

PHŒNIX

Je le croyais.

ANDROMAQUE, *à Céphise.*

Tu vois le pouvoir de mes yeux !

PYRRHUS

Que dit-elle, Phœnix ?

ANDROMAQUE

Hélas ! tout m'abandonne.

PHŒNIX

Allons, Seigneur, marchons sur les pas d'Hermione.

CÉPHISE

895 Qu'attendez-vous ? Rompez ce silence obstiné.

ANDROMAQUE

Il a promis mon fils.

CÉPHISE

Il ne l'a pas donné.

ANDROMAQUE

Non, non, j'ai beau pleurer, sa mort est résolue.

PYRRHUS

Daigne-t-elle sur nous tourner au moins la vue ?
Quel orgueil !

ANDROMAQUE

Je ne fais que l'irriter encor.

900 Sortons.

PYRRHUS

Allons aux Grecs livrer le fils d'Hector.

---

1. **La princesse** : Hermione (il fait semblant de ne pas voir Andromaque).

ANDROMAQUE

Ah ! Seigneur, arrêtez ! Que prétendez-vous faire ?
Si vous livrez le fils, livrez-leur donc la mère !
Vos serments m'ont tantôt juré tant d'amitié[1] !
Dieux ! ne pourrai-je au moins toucher votre pitié ?
905 Sans espoir de pardon m'avez-vous condamnée ?

PYRRHUS

Phœnix vous le dira, ma parole est donnée.

ANDROMAQUE

Vous qui braviez pour moi tant de périls divers !

PYRRHUS

J'étais aveugle alors ; mes yeux se sont ouverts.
Sa grâce à vos désirs pouvait être accordée ;
910 Mais vous ne l'avez pas seulement demandée :
C'en est fait.

ANDROMAQUE

Ah ! Seigneur ! vous entendiez assez
Des soupirs qui craignaient de se voir repoussés.
Pardonnez à l'éclat d'une illustre fortune[2]
Ce reste de fierté qui craint d'être importune.
915 Vous ne l'ignorez pas : Andromaque, sans vous,
N'aurait jamais d'un maître embrassé les genoux.

PYRRHUS

Non, vous me haïssez ; et dans le fond de l'âme
Vous craignez de devoir quelque chose à ma flamme.
Ce fils même, ce fils, l'objet de tant de soins,
920 Si je l'avais sauvé, vous l'en aimeriez moins.
La haine, le mépris, contre moi tout s'assemble ;
Vous me haïssez plus que tous les Grecs ensemble.
Jouissez à loisir d'un si noble courroux.
Allons, Phœnix.

---

1. **Amitié** : équivalent d'« amour », par euphémisme (voir p. 204), en langage galant.
2. **Illustre fortune** : haute condition à laquelle appartenait Andromaque autrefois, avant la défaite de Troie.

ANDROMAQUE
Allons rejoindre mon époux.

CÉPHISE
925 Madame…

ANDROMAQUE
Et que veux-tu que je lui dise encore ?
Auteur de tous mes maux, crois-tu qu'il les ignore ?
Seigneur, voyez l'état où vous me réduisez.
J'ai vu mon père mort et nos murs embrasés ;
J'ai vu trancher les jours de ma famille entière,
930 Et mon époux sanglant traîné sur la poussière,
Son fils seul avec moi, réservé pour les fers.
Mais que ne peut un fils ? Je respire, je sers[1].
J'ai fait plus : je me suis quelquefois consolée
Qu'ici, plutôt qu'ailleurs, le sort m'eût exilée ;
935 Qu'heureux dans son malheur, le fils de tant de rois,
Puisqu'il devait servir, fût tombé sous vos lois.
J'ai cru que sa prison deviendrait son asile.
Jadis Priam soumis fut respecté d'Achille[2] :
J'attendais de son fils encor plus de bonté.
940 Pardonne, cher Hector, à ma crédulité !
Je n'ai pu soupçonner ton ennemi d'un crime ;
Malgré lui-même enfin je l'ai cru magnanime[3].
Ah ! s'il l'était assez pour nous laisser du moins
Au tombeau qu'à ta cendre ont élevé mes soins[4],
945 Et que finissant là sa haine et nos misères,
Il ne séparât point des dépouilles si chères !

PYRRHUS
Va m'attendre, Phœnix.

---

1. **Je respire, je sers** : j'ai accepté de vivre (respirer) et d'être esclave (servir).
2. **Jadis… Achille** : après qu'Achille eut tué Hector, il accepta la supplication du père de celui-ci (Priam) et lui rendit son corps.
3. **Malgré lui-même… magnanime** : en dépit de ses façons d'agir, j'ai cru qu'il avait de la générosité, de la grandeur d'âme.
4. **Assez… mes soins** : Andromaque souhaite être mise à mort avec son fils et ensevelie dans le tombeau qu'elle a édifié en mémoire d'Hector.

Andromaque (Catherine Sellers), Pyrrhus (Jean Desailly) dans la mise en scène de J.-L. Barrault, Théâtre de l'Odéon, 1962.

Scène 7. Pyrrhus, Andromaque, Céphise.

PYRRHUS *continue.*
Madame, demeurez.
On peut vous rendre encor ce fils que vous pleurez.
Oui, je sens à regret qu'en excitant vos larmes
950 Je ne fais contre moi que vous donner des armes.
Je croyais apporter plus de haine en ces lieux.
Mais, Madame, du moins tournez vers moi les yeux :
Voyez si mes regards sont d'un juge sévère,
S'ils sont d'un ennemi qui cherche à vous déplaire.
955 Pourquoi me forcez-vous vous-même à vous trahir ?
Au nom de votre fils, cessons de nous haïr.
À le sauver enfin c'est moi qui vous convie.
Faut-il que mes soupirs vous demandent sa vie ?
Faut-il qu'en sa faveur j'embrasse vos genoux ?
960 Pour la dernière fois, sauvez-le, sauvez-vous.
Je sais de quels serments je romps pour vous les chaînes,
Combien je vais sur moi faire éclater de haines.
Je renvoie Hermione, et je mets sur son front,
Au lieu de ma couronne, un éternel affront.
965 Je vous conduis au temple où son hymen s'apprête,
Je vous ceins du bandeau préparé pour sa tête.
Mais ce n'est plus, Madame, une offre à dédaigner :
Je vous le dis, il faut ou périr ou régner.
Mon cœur, désespéré d'un an d'ingratitude,
970 Ne peut plus de son sort souffrir l'incertitude.
C'est craindre, menacer et gémir trop longtemps.
Je meurs si je vous perds, mais je meurs si j'attends.
Songez-y : je vous laisse, et je viendrai vous prendre
Pour vous mener au temple où ce fils doit m'attendre.
975 Et là vous me verrez, soumis ou furieux,
Vous couronner, Madame, ou le perdre à vos yeux.

REPÈRES

• Essayez de préciser la position qu'occupe chacun des quatre personnages sur la scène (v. 890 à 900) : est-il logique qu'ils n'entendent pas ce que disent les autres ?
• Quels arguments emploie Pyrrhus dans les vers 901 à 947 ? Puis dans la tirade suivante ? Sont-ils d'ordre politique ? Sentimental ?
• Comment comprenez-vous le vers 971 ? Et le vers 972 ?

OBSERVATION

• Le début de ce passage suppose un jeu de scène particulier : précisez lequel. Vous semble-t-il réellement tragique ?
• Comment l'acteur qui joue le rôle de Pyrrhus doit-il prononcer selon vous le « C'en est fait » du vers 911 ? Comparez avec d'autres « C'en est fait » dans la pièce.
• Que laissent entendre les paroles d'Andromaque au vers 924 ? Quels arguments emploie-t-elle ensuite ? Quel est celui qui décide Pyrrhus à lui parler ?
• Pourquoi Pyrrhus congédie-t-il Phœnix ? À quoi peut alors s'attendre le spectateur ?
• Relevez les termes adversatifs employés par Pyrrhus, et des antithèses (voir p. 202). Qu'en concluez-vous ?

INTERPRÉTATIONS

Rhétorique galante et ultimatum.
• Quelles sont les « armes » dont Pyrrhus parle au vers 950 ? Comment comprenez-vous le vers 959 ? Qui a déjà fait le geste dont il y est question ? Pourquoi cela serait-il étonnant de la part de Pyrrhus ?
• Le ton de Pyrrhus est-il le même tout au long de sa tirade ? Sinon, quand et comment évolue-t-il ?
• Considérez l'ensemble des scènes 6 et 7 : qu'apporte cette séquence comme élément nouveau ?
• Les vers 975 et 976 sont construits sur des antithèses. Analysez le ton et le champ lexical dont elles relèvent. Est-ce un moyen de parler d'amour ? Et est-ce Andromaque qui « force Pyrrhus à la trahir » ? Quel effet cela peut-il avoir sur le spectateur ?

SCÈNE 8. ANDROMAQUE, CÉPHISE.

CÉPHISE

Je vous l'avais prédit, qu'en dépit de la Grèce,
De votre sort encor vous seriez la maîtresse.

ANDROMAQUE

Hélas ! de quel effet[1] tes discours sont suivis !
980 Il ne me restait plus qu'à condamner mon fils.

CÉPHISE

Madame, à votre époux c'est être assez fidèle :
Trop de vertu pourrait vous rendre criminelle ;
Lui-même il porterait votre âme à la douceur.

ANDROMAQUE

Quoi ? je lui donnerais Pyrrhus pour successeur !

CÉPHISE

985 Ainsi le veut son fils, que les Grecs vous ravissent.
Pensez-vous qu'après tout ses mânes en rougissent[2] ?
Qu'il méprisât, Madame, un roi victorieux
Qui vous fait remonter au rang de vos aïeux,
Qui foule aux pieds pour vous vos vainqueurs en colère,
990 Qui ne se souvient plus qu'Achille était son père,
Qui dément ses exploits et les rend superflus ?

ANDROMAQUE

Dois-je les oublier, s'il ne s'en souvient plus ?
Dois-je oublier Hector privé de funérailles,
Et traîné sans honneur[3] autour de nos murailles ?
995 Dois-je oublier son père à mes pieds renversé,
Ensanglantant l'autel qu'il tenait embrassé[4] ?

---

1. **Effet :** résultat.
2. **Qu'après... en rougissent :** que cela fasse honte au souvenir d'Hector. Dans la religion grecque, les mânes d'un mort désignaient sa personne survivant dans l'au-delà.
3. **Traîné sans honneur :** Achille, après avoir tué Hector, avait attaché son cadavre derrière son char.
4. **Son père... embrassé :** Priam fut tué par Pyrrhus alors qu'il avait l'attitude de celui qui se met sous la protection des dieux.

Songe, songe, Céphise, à cette nuit cruelle
Qui fut pour tout un peuple une nuit éternelle ;
Figure-toi Pyrrhus, les yeux étincelants,
1000 Entrant à la lueur de nos palais brûlants,
Sur tous mes frères morts se faisant un passage,
Et de sang tout couvert échauffant le carnage ;
Songe aux cris des vainqueurs, songe aux cris des mourants,
Dans la flamme étouffés, sous le fer expirants ;
1005 Peins-toi dans ces horreurs Andromaque éperdue :
Voilà comme Pyrrhus vint s'offrir à ma vue ;
Voilà par quels exploits il sut se couronner ;
Enfin voilà l'époux que tu me veux donner.
Non, je ne serai point complice de ses crimes ;
1010 Qu'il nous prenne, s'il veut, pour dernières victimes.
Tous mes ressentiments lui seraient asservis[1].

CÉPHISE
Eh bien, allons donc voir expirer votre fils :
On n'attend plus que vous... Vous frémissez, Madame ?

ANDROMAQUE
Ah ! de quel souvenir viens-tu frapper mon âme !
1015 Quoi ? Céphise, j'irai voir expirer encor
Ce fils, ma seule joie, et l'image d'Hector ?
Ce fils, que de sa flamme il me laissa pour gage ?
Hélas ! je m'en souviens, le jour que son courage
Lui fit chercher Achille, ou plutôt le trépas,
1020 Il demanda son fils, et le prit dans ses bras :
« Chère épouse, dit-il en essuyant mes larmes,
J'ignore quel succès le sort garde à mes armes ;
Je te laisse mon fils pour gage de ma foi :
S'il me perd, je prétends qu'il me retrouve en toi.
1025 Si d'un heureux hymen la mémoire t'est chère,
Montre au fils à quel point tu chérissais le père. »

---

1. **Tous... asservis** : si elle épousait Pyrrhus, Andromaque devrait faire taire toutes les raisons qu'elle a de le haïr.

*Congé d'Hector à sa famille. Amphore attique (détail)
du Vᵉ siècle av. J.-C. Rome.*

Et je puis[1] voir répandre un sang si précieux ?
Et je laisse avec lui périr tous ses aïeux ?
Roi barbare, faut-il que mon crime l'entraîne ?
1030 Si je te hais, est-il coupable de ma haine ?
T'a-t-il de tous les siens reproché le trépas ?
S'est-il plaint à tes yeux des maux qu'il ne sent pas[2] ?
Mais cependant, mon fils, tu meurs si je n'arrête
Le fer que le cruel tient levé sur ta tête.
1035 Je l'en puis détourner, et je t'y vais offrir ?...
Non, tu ne mourras point, je ne le puis souffrir.
Allons trouver Pyrrhus. Mais non, chère Céphise,
Va le trouver pour moi.

CÉPHISE
Que faut-il que je dise ?

ANDROMAQUE
Dis-lui que de mon fils l'amour[3] est assez fort...
1040 Crois-tu que dans son cœur il ait juré sa mort ?
L'amour peut-il si loin pousser sa barbarie ?

CÉPHISE
Madame, il va bientôt revenir en furie.

ANDROMAQUE
Eh bien ! va l'assurer...

CÉPHISE
De quoi ? de votre foi ?

ANDROMAQUE
Hélas ! pour la promettre est-elle encore à moi ?
1045 Ô cendres d'un époux ! ô Troyens ! ô mon père !
Ô mon fils, que tes jours coûtent cher à ta mère !
Allons.

---

1. **Et je puis** : et je pourrais.
2. **Qu'il ne sent pas** : dont il est trop jeune pour avoir conscience.
3. **De mon fils l'amour** : l'amour que j'ai pour mon fils.

CÉPHISE
Où donc, Madame ? et que résolvez-vous ?

ANDROMAQUE
Allons sur son tombeau consulter mon époux.

Céphise (Claude Winter), Andromaque (Geneviève Casile) dans la mise en scène de Philippe Kerbrat, Comédie-Française, 1981.

REPÈRES

• Pourquoi Andromaque accuse-t-elle Céphise ?
• Quels arguments emploie Céphise ?
• Quels sont ceux d'Andromaque ?
• Andromaque a-t-elle pris une décision ?

OBSERVATION

• Quel est le sens du verbe « songer » aux vers 997 et 1003 ? Comparez avec son emploi au vers 973.
• Quel type de phrase domine dans cette scène ? Pourquoi ?
• À quel autre vers déjà prononcé, peu avant, le vers 1048 fait-il écho ? Comparez-les. Quel effet cela peut-il produire sur le spectateur ?

INTERPRÉTATIONS

Tragédie et poésie épique.
• Au XVIIe siècle, l'épopée (voir p. 203) était considérée comme le genre littéraire le plus noble. La tragédie était proche de l'épopée et en prenait parfois le ton. Quelle épopée raconte la guerre de Troie (voir p. 215) ?
• Quels sont les passages où le récit devient épique dans cette scène ?
• Quelles images y dominent ? Relevez des exemples frappants ? Et quel ton domine ?
• Pourquoi Andromaque rapporte-t-elle les paroles d'Hector au style direct ?
• Enfin, pour voir la place exacte qu'occupe le ton épique dans cette tragédie, cherchez quel effet peut produire sur le spectateur le fait que ces passages épiques soient prononcés par une femme veuve, malheureuse et en danger.

Récapitulation

• Quels personnages a-t-on vus sur scène dans cet acte ? Dans quel ordre ?

• Quels thèmes et tons se sont fait entendre dans cet acte ? Dans quel ordre ? Lequel domine ? Lequel est à la place stratégique que constitue la dernière scène de l'acte ?

• Les personnages savent-ils tous ce qu'ils veulent, au fil de cet acte ? Lesquels le savent, et que veulent-ils ? Comparez avec les autres.

De revirement en revirement

• Oreste est furieux au début de cet acte. À la suite de quoi ? La situation annoncée au début de l'acte est-elle la même à la fin ?

• Qui change d'avis au cours de cet acte ? Pourquoi ? Est-ce surprenant pour le spectateur ? Quel personnage sert de médiation entre le spectateur et les protagonistes ?

• Qui Andromaque a-t-elle affronté dans l'acte III ? Dans quelles situations ? Dans quelles positions s'est-elle trouvée ? Quelle coloration de son personnage cela renforce-t-il ?

• Relisez les derniers mots prononcés par Andromaque dans la scène 8 : le public peut-il imaginer ce qui va se passer ? Dans quel état d'esprit se trouve le spectateur à ce moment ? Essayez de caractériser la fonction de cet acte dans l'ensemble de la pièce : est-il riche d'événements, est-il plutôt tissé de réflexions des personnages ?

ACTE IV

SCÈNE PREMIÈRE. ANDROMAQUE, CÉPHISE.

CÉPHISE

Ah ! je n'en doute point : c'est votre époux, Madame,
1050 C'est Hector qui produit ce miracle en votre âme.
Il veut que Troie encor se puisse relever
Avec cet heureux[1] fils qu'il vous fait conserver.
Pyrrhus vous l'a promis. Vous venez de l'entendre,
Madame : il n'attendait qu'un mot pour vous le rendre.
1055 Croyez-en ses transports : père, sceptre, alliés,
Content[2] de votre cœur, il met tout à vos pieds.
Sur lui, sur tout son peuple il vous rend souveraine.
Est-ce là ce vainqueur digne de tant de haine ?
Déjà contre les Grecs plein d'un noble courroux,
1060 Le soin de votre fils le touche autant que vous :
Il prévient leur fureur[3], il lui laisse sa garde ;
Pour ne pas l'exposer, lui-même il se hasarde[4].
Mais tout s'apprête au temple, et vous avez promis...

ANDROMAQUE

Oui, je m'y trouverai. Mais allons voir mon fils.

CÉPHISE

1065 Madame, qui[5] vous presse ? Il suffit que sa vue
Désormais à vos yeux ne soit plus défendue.
Vous lui pourrez bientôt prodiguer vos bontés,
Et vos embrassements ne seront plus comptés.

---

1. **Heureux** : qui a de la chance, ou qui a survécu grâce à la chance.
2. **Content** : se contentant de, se tenant satisfait, comblé, si vous l'épousez.
3. **Il prévient leur fureur** : il prend les précautions qu'il faut pour éviter que leur rage (« fureur ») leur fasse tuer l'enfant.
4. **Se hasarde** : prend des risques, expose sa propre vie.
5. **Qui** : qu'est-ce qui.

Andromaque (Catherine Sellers) et Céphise (Christianne Carpentier).
Mise en scène de J.-L. Barrault. Théâtre de l'Odéon, 1962.

Quel plaisir d'élever un enfant qu'on voit craître[1],
1070 Non plus comme un esclave élevé pour son maître,
Mais pour voir avec lui renaître tant de rois !

ANDROMAQUE
Céphise, allons le voir pour la dernière fois.

CÉPHISE
Que dites-vous ? Ô dieux !

ANDROMAQUE
                    Ô ma chère Céphise,
Ce n'est point avec toi que mon cœur se déguise.
1075 Ta foi, dans mon malheur, s'est montrée à mes yeux ;
Mais j'ai cru qu'à mon tour tu me connaissais mieux.

---

1. **Craître :** ancienne forme de « croître » (pour faciliter la rime).

Quoi donc ? as-tu pensé qu'Andromaque infidèle
Pût trahir un époux qui croit revivre en elle,
Et que de tant de morts réveillant la douleur,
1080 Le soin de mon repos me fît troubler le leur ?
Est-ce là cette ardeur tant promise à sa cendre[1] ?
Mais son fils périssait ; il l'a fallu défendre.
Pyrrhus en m'épousant s'en déclare l'appui ;
Il suffit : je veux bien m'en reposer sur lui.
1085 Je sais quel est Pyrrhus[2] : violent, mais sincère,
Céphise, il fera plus qu'il n'a promis de faire.
Sur le courroux des Grecs je m'en repose encor :
Leur haine va donner un père au fils d'Hector,
Je vais donc, puisqu'il faut que je me sacrifie,
1090 Assurer[3] à Pyrrhus le reste de ma vie ;
Je vais, en recevant sa foi sur les autels,
L'engager à mon fils par des nœuds immortels.
Mais aussitôt ma main, à moi seule funeste,
D'une infidèle[4] vie abrégera le reste,
1095 Et sauvant ma vertu, rendra ce que je doi
À Pyrrhus, à mon fils, à mon époux, à moi.
Voilà de mon amour l'innocent stratagème,
Voilà ce qu'un époux m'a commandé lui-même ;
J'irai seule rejoindre Hector et mes aïeux.
1100 Céphise, c'est à toi de me fermer les yeux.

CÉPHISE
Ah ! ne prétendez pas que je puisse survivre...

ANDROMAQUE
Non, non, je te défends, Céphise, de me suivre.
Je confie à tes soins mon unique trésor.
Si tu vivais pour moi, vis pour le fils d'Hector.
1105 De l'espoir des Troyens seule dépositaire,

---

1. **Sa cendre** : la dépouille mortelle d'Hector.
2. **Quel est Pyrrhus** : quel est le caractère de Pyrrhus.
3. **Assurer** : donner ma parole pour.
4. **Infidèle** : infidèle au souvenir d'Hector.

Songe à combien de rois tu deviens nécessaire.
Veille auprès de Pyrrhus ; fais-lui garder sa foi :
S'il le faut, je consens qu'on lui parle de moi ;
Fais-lui valoir l'hymen où je me suis rangée[1],
1110 Dis-lui qu'avant ma mort je lui fus engagée,
Que ses ressentiments doivent être effacés,
Qu'en lui laissant mon fils, c'est l'estimer assez.
Fais connaître à mon fils les héros de sa race,
Autant que tu pourras, conduis-le sur leur trace :
1115 Dis-lui par quels exploits leurs noms ont éclaté[2],
Plutôt ce qu'ils ont fait que ce qu'ils ont été ;
Parle-lui tous les jours des vertus de son père ;
Et quelquefois aussi parle-lui de sa mère.
Mais qu'il ne songe plus, Céphise, à nous venger :
1120 Nous lui laissons un maître, il le doit ménager.
Qu'il ait de ses aïeux un souvenir modeste :
Il est du sang d'Hector, mais il en est le reste ;
Et pour ce reste enfin, j'ai moi-même, en un jour,
Sacrifié mon sang, ma haine, et mon amour.

CÉPHISE

1125 Hélas !

ANDROMAQUE

Ne me suis point, si ton cœur en alarmes
Prévoit qu'il ne pourra commander à tes larmes.
On vient. Cache tes pleurs, Céphise, et souviens-toi
Que le sort d'Andromaque est commis[3] à ta foi.
C'est Hermione. Allons, fuyons sa violence.

---

1. **Où... rangée** : auquel je me suis soumise.
2. **Éclaté** : ont gagné leur éclat, sont devenus célèbres.
3. **Commis** : confié.

REPÈRES

• Que s'est-il passé pendant l'entracte ? Que nous apprennent les premiers mots de Céphise ? A-t-elle tout compris ? Andromaque a-t-elle tout dit à Pyrrhus ?
• Quel est le projet qu'Andromaque a formé ? Résumez-le en une phrase. Vous paraît-il réaliste ?
• Quelle mission est confiée à Céphise dans les vers 1102 à 1124 ? À quel passage de l'acte précédent ces vers font-ils écho ? Comparez les deux passages et essayez de définir l'effet qu'ils peuvent produire sur le spectateur.

OBSERVATION

• Pourquoi Andromaque ne s'exprime-t-elle d'abord que par phrases brèves ? Quel état d'esprit cela dénote-t-il chez elle ?
• Quel sentiment s'exprime au vers 1118 ?
• Comment comprenez-vous les vers 1095 et 1096 ?
• Les derniers mots d'Andromaque dans cette scène : pourquoi parle-t-elle de la « violence » d'Hermione ? Hermione elle-même a-t-elle déjà « fui » Andromaque ? Quand ? Quel parallélisme est ici évoqué ? Est-il un parallélisme strict ?

INTERPRÉTATIONS

Une vision du personnage de Pyrrhus.
• Quels renseignements Céphise donne-t-elle à propos de Pyrrhus ? Quelle importance a le fait qu'il ait fait placer sa propre garde auprès d'Astyanax pour Andromaque ?
• Quels termes emploie Andromaque pour parler de Pyrrhus ? Quels sont en particulier les adjectifs qu'elle utilise à son sujet ? Sont-ils davantage laudatifs ou péjoratifs ? Comparez ce qu'elle en dit ici avec ce qu'elle en a dit à la fin de l'acte III.
• Aristote, dans sa *Poétique*, préconise que les héros tragiques soient présentés comme « ni tout à fait bons, ni tout à fait méchants » : cela vous semble-t-il pouvoir s'appliquer à Pyrrhus tel que le voit Andromaque ? Est-ce en harmonie avec ce que l'on a vu faire et entendu dire par ce personnage depuis le début de la pièce ?

SCÈNE 2. HERMIONE, CLÉONE.

CLÉONE

1130 Non, je ne puis assez admirer[1] ce silence.
Vous vous taisez, Madame, et ce cruel mépris
N'a pas du moindre trouble agité vos esprits[2] !
Vous soutenez en paix[3] une si rude attaque,
Vous qu'on voyait frémir au seul nom d'Andromaque !
1135 Vous qui sans désespoir ne pouviez endurer
Que Pyrrhus d'un regard la voulût honorer !
Il l'épouse, il lui donne, avec son diadème,
La foi que vous venez de recevoir vous-même,
Et votre bouche encor, muette à tant d'ennui,
1140 N'a pas daigné s'ouvrir pour se plaindre de lui ?
Ah ! que je crains, Madame, un calme si funeste,
Et qu'il vaudrait bien mieux...

HERMIONE

Fais-tu venir Oreste ?

CLÉONE

Il vient, Madame, il vient, et vous pouvez juger
Que bientôt à vos pieds il allait se ranger[4] ;
1145 Prêt à servir toujours sans espoir de salaire,
Vos yeux ne sont que trop assurés de lui plaire.
Mais il entre.

---

1. **Admirer** : m'étonner de.
2. **Esprits** : pensées et sentiments.
3. **En paix** : en restant calme, sans vous révolter.
4. **Il allait se ranger** : il était tout disposé à venir recevoir vos ordres.

SCÈNE 3. ORESTE, HERMIONE, CLÉONE.

ORESTE

Ah ! Madame ! est-il vrai qu'une fois
Oreste en vous cherchant obéisse à vos lois ?
Ne m'a-t-on point flatté d'une fausse espérance ?
1150 Avez-vous en effet[1] souhaité ma présence ?
Croirai-je que vos yeux, à la fin désarmés,
Veulent...

HERMIONE

Je veux savoir, Seigneur, si vous m'aimez.

ORESTE

Si je vous aime ? ô dieux ! Mes serments, mes parjures,
Ma fuite, mon retour, mes respects, mes injures,
1155 Mon désespoir, mes yeux de pleurs toujours noyés,
Quels témoins croirez-vous, si vous ne les croyez ?

HERMIONE

Vengez-moi, je crois tout.

ORESTE

Eh bien ! allons, Madame :
Mettons encore un coup[2] toute la Grèce en flamme ;
Prenons, en signalant[3] mon bras et votre nom,
1160 Vous, la place d'Hélène, et moi, d'Agamemnon.
De Troie en ce pays réveillons les misères,
Et qu'on parle de nous ainsi que de nos pères.
Partons, je suis tout prêt.

HERMIONE

Non, Seigneur, demeurons :
Je ne veux pas si loin porter de tels affronts.
1165 Quoi ! de mes ennemis couronnant l'insolence,
J'irais attendre ailleurs une lente vengeance ?

---

1. **En effet** : réellement.
2. **Encore un coup** : encore une fois ; cette formule fait partie du langage soutenu, à l'époque de Racine.
3. **En signalant** : en rendant célèbres.

Et je m'en remettrais au destin des combats,
Qui peut-être à la fin ne me vengerait pas ?
Je veux qu'à mon départ toute l'Épire pleure.
1170 Mais si vous me vengez, vengez-moi dans une heure.
Tous vos retardements sont pour moi des refus.
Courez au temple. Il faut immoler...

ORESTE

Qui ?

HERMIONE

Pyrrhus.

ORESTE

Pyrrhus, Madame !

HERMIONE

Eh quoi ! votre haine chancelle ?
Ah ! courez, et craignez que je ne vous rappelle.
1175 N'alléguez point des droits que je veux oublier ;
Et ce n'est pas à vous à le justifier.

ORESTE

Moi, je l'excuserais ? Ah ! vos bontés, Madame,
Ont gravé trop avant ses crimes dans mon âme.
Vengeons-nous, j'y consens, mais par d'autres chemins[1] :
1180 Soyons ses ennemis, et non ses assassins ;
Faisons de sa ruine une juste conquête[2].
Quoi ! pour réponse aux Grecs porterai-je sa tête ?
Et n'ai-je pris sur moi le soin de tout l'État[3],
Que pour m'en acquitter par un assassinat ?
1185 Souffrez, au nom des dieux, que la Grèce s'explique,
Et qu'il meure chargé de la haine publique.
Souvenez-vous qu'il règne, et qu'un front couronné...

----

1. **Chemins** : moyens.
2. **Faisons ... conquête** : que sa défaite (la ruine de l'Épire) soit le résultat d'une guerre justifiée.
3. **Le soin de tout l'État** : en sa qualité d'ambassadeur, Oreste représente toute la confédération grecque.

HERMIONE

Ne vous suffit-il pas que je l'ai[1] condamné ?
Ne vous suffit-il pas que ma gloire offensée
1190 Demande une victime à moi seule adressée ;
Qu'Hermione est le prix d'un tyran opprimé[2] ;
Que je le hais ; enfin, Seigneur, que je l'aimai ?
Je ne m'en cache point : l'ingrat m'avait su plaire,
Soit qu'ainsi l'ordonnât mon amour ou mon père,
1195 N'importe ; mais enfin réglez-vous là-dessus.
Malgré mes vœux, Seigneur, honteusement déçus,
Malgré la juste horreur que son crime me donne,
Tant qu'il vivra, craignez que je ne lui pardonne.
Doutez jusqu'à sa mort d'un courroux incertain :
1200 S'il ne meurt aujourd'hui, je puis l'aimer demain.

ORESTE

Eh bien ! Il faut le perdre, et prévenir sa grâce[3] ;
Il faut... Mais cependant que faut-il que je fasse ?
Comment puis-je si tôt servir votre courroux ?
Quel chemin jusqu'à lui peut conduire mes coups ?
1205 À peine suis-je encore arrivé dans l'Épire,
Vous voulez par mes mains renverser un empire ;
Vous voulez qu'un roi meure, et pour son châtiment
Vous ne donnez qu'un jour, qu'une heure, qu'un moment !
Aux yeux de tout son peuple, il faut que je l'opprime !
1210 Laissez-moi vers l'autel conduire ma victime,
Je ne m'en défends plus ; et je ne veux qu'aller
Reconnaître la place où je dois l'immoler.
Cette nuit je vous sers, cette nuit je l'attaque.

---

1. **Ai** : usage de l'indicatif, là où aujourd'hui on emploierait plutôt le subjonctif.
2. **Opprimé** : vaincu et tué (l'expression fait une alliance de mots inattendue, puisque d'ordinaire ce sont les tyrans qui oppriment).
3. **Prévenir sa grâce** : agir avant qu'Hermione ne change d'avis et pardonne à Pyrrhus.

HERMIONE

Mais cependant, ce jour, il épouse Andromaque !
1215 Dans le temple déjà le trône est élevé,
Ma honte est confirmée, et son crime achevé.
Enfin qu'attendez-vous ? Il vous offre sa tête :
Sans gardes, sans défense, il marche à cette fête ;
Autour du fils d'Hector il les fait tous ranger ;
1220 Il s'abandonne au bras qui me voudra venger.
Voulez-vous malgré lui prendre soin de sa vie[1] ?
Armez, avec vos Grecs, tous ceux qui m'ont suivie ;
Soulevez vos amis, tous les miens sont à vous :
Il me trahit, vous trompe, et nous méprise tous.
1225 Mais quoi ? déjà leur haine est égale à la mienne :
Elle épargne à regret l'époux d'une Troyenne.
Parlez : mon ennemi ne vous peut échapper,
Ou plutôt il ne faut que les laisser frapper.
Conduisez ou suivez une fureur[2] si belle ;
1230 Revenez tout couvert du sang de l'infidèle ;
Allez : en cet état soyez sûr de mon cœur.

ORESTE

Mais, Madame, songez...

HERMIONE

Ah ! c'en est trop, Seigneur.
Tant de raisonnements offensent ma colère.
J'ai voulu vous donner les moyens de me plaire,
1235 Rendre Oreste content ; mais enfin je vois bien
Qu'il veut toujours se plaindre, et ne mériter rien.
Partez : allez ailleurs vanter votre constance,
Et me laissez ici le soin de ma vengeance.
De mes lâches bontés mon courage est confus,
1240 Et c'est trop en un jour essuyer de refus.
Je m'en vais seule au temple où leur hymen s'apprête,

---

1. **Prendre soin de sa vie** : protéger sa vie, alors que lui-même ne s'en soucie pas.
2. **Fureur** : ici, mouvement de très violente colère.

Où vous n'osez aller mériter ma conquête.
Là, de mon ennemi je saurai m'approcher,
Je percerai le cœur[1] que je n'ai pu toucher,
1245 Et mes sanglantes mains, sur moi-même tournées,
Aussitôt, malgré lui, joindront nos destinées ;
Et tout ingrat qu'il est, il me sera plus doux
De mourir avec lui que de vivre avec vous.

ORESTE

Non, je vous priverai de ce plaisir funeste,
1250 Madame : il ne mourra que de la main d'Oreste.
Vos ennemis par moi vont vous être immolés,
Et vous reconnaîtrez mes soins[2], si vous voulez.

HERMIONE

Allez. De votre sort laissez-moi la conduite,
Et que tous vos vaisseaux soient prêts pour notre fuite.

---

1. **Cœur** : ce mot est ici encore employé à la fois au sens propre et au sens figuré.
2. **Vous reconnaîtrez mes soins** : vous récompenserez mes services.

Repères

• Quel est le sens du verbe « admirer » (v. 1130) en français classique ? Quel sentiment domine dans les propos de Cléone ?
• Hermione parle peu à la scène 2 : est-ce un « courroux modeste » comme elle-même l'a dit à propos d'Oreste ? Que signifie son silence à la scène 2 ?
• Qu'exige Hermione d'Oreste à la scène 3 ? Quels sont les trois arguments principaux qu'elle avance pour le décider ? Lequel finit par être décisif ?

Observation

• Quelle remarque peut-on faire sur les répliques d'Hermione dans la scène 3 ? Et sur celles d'Oreste ? Quelle particularité présentent les vers 1172 et 1173 ? Sur quels tons doivent-ils être dits ?
• Le vers 1232 : Hermione interrompt Oreste, pourquoi ?
• Quels sont les termes le plus fréquemment employés au début des répliques de la scène 3 ? Qu'indiquent-ils ?

Interprétations

Tragédie et régicide.
• Dans les mentalités d'Ancien Régime, le régicide était considéré comme un des pires crimes, aussi grave que le parricide. Comment les réactions d'Oreste expriment-elles cette conception ?
• Avant d'accepter les ordres d'Hermione, Oreste lui propose une autre solution (v. 1180 à 1187) : ses arguments sont alors d'ordre politique. Quel rapport Hermione établit-elle entre la politique et la passion amoureuse ? Est-ce différent de ce qu'Oreste lui-même a déjà dit auparavant ?
• Quelle image d'Hermione se précise ici pour le spectateur ? Et celle d'Oreste : est-elle la même depuis le début de la pièce ? A-t-elle une évolution ? Quel trait de caractère se précise ici chez ce personnage ?
• Si le régicide est le pire des crimes, les deux personnages en présence dans cette scène ont-ils l'espoir d'en tirer du bonheur ? Qu'en concluez-vous ?

SCÈNE 4. HERMIONE, CLÉONE.

CLÉONE

1255 Vous vous perdez, Madame, et vous devez songer...

HERMIONE

Que je me perde ou non, je songe à me venger.
Je ne sais même encor, quoi qu'il m'ait pu promettre,
Sur d'autres que sur moi[1] si je dois m'en remettre :
Pyrrhus n'est pas coupable à ses yeux comme aux miens,
1260 Et je tiendrais[2] mes coups bien plus sûrs que les siens.
Quel plaisir de venger moi-même mon injure,
De retirer mon bras teint du sang du parjure,
Et pour rendre sa peine et mes plaisirs plus grands,
De cacher ma rivale à ses regards mourants !
1265 Ah ! si du moins Oreste, en punissant son crime,
Lui laissait le regret de mourir ma victime !
Va le trouver : dis-lui qu'il apprenne à l'ingrat
Qu'on l'immole à ma haine, et non pas à l'État.
Chère Cléone, cours : ma vengeance est perdue
1270 S'il ignore en mourant que c'est moi qui le tue.

CLÉONE

Je vous obéirai ! Mais qu'est-ce que je voi ?
Ô dieux ! qui l'aurait cru, Madame ? C'est le roi !

HERMIONE

Ah ! cours après Oreste ; et dis-lui, ma Cléone,
Qu'il n'entreprenne rien sans revoir Hermione !

---

1. **Sur d'autres que sur moi** : si, à d'autres qu'à moi,...
2. **Je tiendrais** : je serais certaine que, j'estimerais.

SCÈNE 5. PYRRHUS, HERMIONE, PHŒNIX.

PYRRHUS

1275 Vous ne m'attendiez pas, Madame, et je vois bien
Que mon abord[1] ici trouble votre entretien.
Je ne viens point, armé d'un indigne artifice,
D'un voile d'équité couvrir mon injustice :
Il suffit que mon cœur me condamne tout bas,
1280 Et je soutiendrais mal ce que je ne crois pas.
J'épouse une Troyenne. Oui, Madame, et j'avoue
Que je vous ai promis la foi que je lui voue.
Un autre vous dirait que dans les champs troyens
Nos deux pères sans nous formèrent ces liens,
1285 Et que sans consulter ni mon choix ni le vôtre,
Nous fûmes sans amour engagés l'un à l'autre ;
Mais c'est assez pour moi que je me sois soumis.
Par mes ambassadeurs mon cœur vous fut promis ;
Loin de les révoquer, je voulus y souscrire[2] :
1290 Je vous vis avec eux arriver en Épire,
Et quoique d'un autre œil l'éclat victorieux
Eût déjà prévenu le pouvoir de vos yeux,
Je ne m'arrêtai point à cette ardeur[3] nouvelle ;
Je voulus m'obstiner à vous être fidèle :
1295 Je vous reçus en reine, et jusques à ce jour
J'ai cru que mes serments me tiendraient lieu d'amour.
Mais cet amour l'emporte, et par un coup funeste,
Andromaque m'arrache un cœur qu'elle déteste.
L'un par l'autre entraînés, nous courons à l'autel
1300 Nous jurer malgré nous un amour immortel.
Après cela, Madame, éclatez[4] contre un traître,
Qui l'est avec douleur, et qui pourtant veut l'être.

---

1. **Abord** : au sens premier, arrivée.
2. **Loin... souscrire** : loin de les désavouer, je voulus vous aimer.
3. **Ardeur** : amour.
4. **Éclatez** : laissez s'exprimer vos sentiments avec toute leur violence.

Pour moi, loin de contraindre[1] un si juste courroux,
Il me soulagera peut-être autant que vous.
1305 Donnez-moi tous les noms destinés aux parjures :
Je crains votre silence, et non pas vos injures ;
Et mon cœur, soulevant mille secrets témoins,
M'en dira d'autant plus que vous m'en direz moins.

HERMIONE

Seigneur, dans cet aveu dépouillé d'artifice,
1310 J'aime à voir que du moins vous vous rendiez justice,
Et que voulant bien[2] rompre un nœud si solennel,
Vous vous abandonniez au crime en criminel.
Est-il juste, après tout, qu'un conquérant s'abaisse
Sous la servile loi de garder sa promesse ?
1315 Non, non, la perfidie a de quoi vous tenter ;
Et vous ne me cherchez que pour vous en vanter.
Quoi ? sans que ni serment ni devoir vous retienne,
Rechercher une Grecque, amant d'une Troyenne ?
Me quitter, me reprendre, et retourner encor
1320 De la fille d'Hélène à la veuve d'Hector,
Couronner tour à tour l'esclave et la princesse,
Immoler Troie aux Grecs, au fils d'Hector la Grèce ?
Tout cela part d'un cœur toujours maître de soi,
D'un héros qui n'est point esclave de sa foi.
1325 Pour plaire à votre épouse, il vous[3] faudrait peut-être
Prodiguer les doux noms de parjure et de traître.
Vous veniez de mon front observer la pâleur,
Pour aller dans ses bras rire de ma douleur.
Pleurante après son char vous voulez qu'on me voie ;
1330 Mais, Seigneur, en un jour ce serait trop de joie ;

---

1. **Loin de contraindre** : loin de faire obstacle, de vous obliger à refouler.
2. **Voulant bien** : étant bien décidé à.
3. **Vous** : complément de « prodiguer ».

Et sans chercher ailleurs des titres empruntés[1],
Ne vous suffit-il pas de ceux que vous portez ?
Du vieux père d'Hector la valeur abattue
Aux pieds de sa famille expirante à sa vue,
1335 Tandis que dans son sein votre bras enfoncé
Cherche un reste de sang que l'âge avait glacé ;
Dans des ruisseaux de sang Troie ardente plongée ;
De votre propre main Polyxène égorgée
Aux yeux de tous les Grecs indignés contre vous :
1340 Que peut-on refuser à ces généreux coups !

PYRRHUS

Madame, je sais trop à quel excès de rage
La vengeance d'Hélène emporta mon courage.
Je puis me plaindre à vous[2] du sang que j'ai versé ;
Mais enfin je consens d'oublier le passé.
1345 Je rends grâces au ciel que votre indifférence
De mes heureux soupirs m'apprenne l'innocence.
Mon cœur, je le vois bien, trop prompt à se gêner,
Devait mieux vous connaître et mieux s'examiner.
Mes remords vous faisaient une injure mortelle.
1350 Il faut se croire aimé pour se croire infidèle.
Vous ne prétendiez point m'arrêter dans vos fers :
Je crains de vous trahir, peut-être je vous sers.
Nos cœurs n'étaient point faits dépendants l'un de l'autre ;
Je suivais mon devoir, et vous cédiez au vôtre ;
1355 Rien ne vous engageait à m'aimer en effet.

HERMIONE

Je ne t'ai point aimé, cruel ? Qu'ai-je donc fait ?
J'ai dédaigné pour toi les vœux de tous nos princes ;
Je t'ai cherché moi-même au fond de tes provinces ;
J'y suis encor, malgré tes infidélités,
1360 Et malgré tous mes Grecs honteux de mes bontés.

---

1. **Des titres empruntés** : de fausses raisons pour plaire à Andromaque.
2. **Me plaindre à vous** : vous rendre responsable.

Je leur ai commandé de cacher mon injure[1] ;
J'attendais en secret le retour d'un parjure ;
J'ai cru que tôt ou tard, à ton devoir rendu,
Tu me rapporterais un cœur qui m'était dû.
1365 Je t'aimais inconstant, qu'aurais-je fait fidèle[2] ?
Et même en ce moment où ta bouche cruelle
Vient si tranquillement m'annoncer le trépas,
Ingrat, je doute encor si je ne t'aime pas.
Mais, Seigneur, s'il le faut, si le ciel en colère
1370 Réserve à d'autres yeux la gloire de vous plaire,
Achevez votre hymen, j'y consens ; mais du moins
Ne forcez pas mes yeux d'en être les témoins.
Pour la dernière fois je vous parle peut-être.
Différez-le d'un jour, demain, vous serez maître...
1375 Vous ne répondez point ? Perfide, je le voi :
Tu comptes les moments que tu perds avec moi !
Ton cœur, impatient de revoir ta Troyenne,
Ne souffre qu'à regret qu'un autre t'entretienne.
Tu lui parles du cœur, tu la cherches des yeux.
1380 Je ne te retiens plus, sauve-toi de ces lieux,
Va lui jurer la foi que tu m'avais jurée,
Va profaner des dieux la majesté sacrée.
Ces dieux, ces justes dieux n'auront pas oublié
Que les mêmes serments avec moi t'ont lié.
1385 Porte au pied des autels ce cœur qui m'abandonne,
Va, cours ; mais crains encor d'y trouver Hermione.

---

1. **Mon injure :** l'injure que je subis.
2. **Qu'aurais-je fait fidèle :** à quel point t'aurais-je aimé si tu avais été fidèle.

SCÈNE 6. PYRRHUS, PHŒNIX.

PHŒNIX

Seigneur, vous entendez. Gardez de négliger
Une amante en fureur qui cherche à se venger.
Elle n'est en ces lieux que trop bien appuyée :
1390 La querelle[1] des Grecs à la sienne est liée ;
Oreste l'aime encore, et peut-être à ce prix...

PYRRHUS

Andromaque m'attend. Phœnix, garde son fils.

_____

1. **Querelle :** cause, parti.

REPÈRES

• Pourquoi Hermione veut-elle rappeler Oreste aux vers 1267 à 1270, puis aux vers 1273 et 1274 ?
• Quel est le but de la visite de Pyrrhus à Hermione ? Est-ce courageux ? Est-ce habile ?
• Quels arguments emploie Pyrrhus pour se justifier aux vers 1353 à 1355 ? Sont-ils réellement fondés ? Quelle est la part de réalité qu'il refuse de voir ?

OBSERVATION

• Quels pronoms sont employés par Hermione pour s'adresser à Pyrrhus ? Quand ?
• Quel est le ton d'Hermione au début de sa première tirade (v. 1309 à 1340) ? Quel est-il au vers 1357 ? Quand change-t-il ensuite (citez le texte) ? Y a-t-il une autre variation de ton ? Laquelle ?
• Sur quel ton doit être dit le dernier vers de Pyrrhus à la scène 5 ? Et celui d'Hermione ?
• Sur quel ton doit être dit le dernier vers de Pyrrhus à la scène 6 ?
• Phœnix a-t-il bien compris les derniers mots d'Hermione ?

INTERPRÉTATIONS

La passion, entre amour et jalousie.
• Cette scène met en présence Pyrrhus et Hermione : se sont-ils rencontrés sur scène auparavant ? Quel aspect de leur relation est montré aux spectateurs ?
• Par quels sentiments passe Hermione aux scènes 4 et 5 ? Dans quel état d'esprit était-elle auparavant ? Cette instabilité est-elle entièrement de sa faute ?
• « Cruelle » (v. 1366) : ce mot appartient au langage galant ; quelle tonalité prend-il ici ? Est-il une simple image ? Que ressent Hermione ?
• Si l'on prend en compte la façon dont on considérait les passions à l'époque (voir p. 22-25), l'amour d'Hermione est-il de l'ordre de la bienveillance ? Et celui de Pyrrhus à l'égard d'Andromaque ? De ce point de vue, est-il scandaleux qu'Hermione soit ainsi désireuse de se venger ? Quelle image s'impose au spectateur ?

Récapitulation

• Combien cet acte compte-t-il de vers ? De scènes ? Comparez avec les autres.

• On avait assisté jusque-là à plusieurs revirements : Pyrrhus changeait de décision entre l'acte I et l'acte II, puis à nouveau pendant l'entracte entre l'acte III et l'acte IV, Andromaque entre l'acte III et l'acte IV ; voit-on de nouveaux revirements au cours de l'acte IV ? Qu'est-ce qui domine : les péripéties ou l'expression des sentiments des personnages ?

• Qui est en scène le plus longtemps dans cet acte ? Pourquoi ?

L'apogée des passions

• L'action est définitivement fixée : Pyrrhus a décidé d'épouser Andromaque et Hermione demande à Oreste de tuer Pyrrhus. Quelle est la fonction de cet acte ?

• L'enjeu initial de l'ambassade d'Oreste était de convaincre Pyrrhus de livrer Astyanax pour qu'il soit mis à mort : est-il encore question de cet enjeu ? Pourquoi ?

• Dressez la liste des formes d'amour qu'on voit se succéder dans cet acte. Dressez ensuite celle des types de discours qu'on y entend, depuis la déploration (les adieux d'Andromaque à Céphise) jusqu'au réquisitoire (d'Hermione contre Pyrrhus). Quelles impressions sont ainsi offertes au spectateur ? Laquelle domine ?

• Pyrrhus est menacé par Hermione, et averti par Phœnix. Il n'écoute pas. Est-ce l'attitude d'un chef d'État responsable ? Oreste est ambassadeur et décide non plus seulement de « truquer » son ambassade, mais de tuer le roi auprès de qui il a été envoyé : est-ce l'attitude d'un ambassadeur digne de ce nom ? Qu'est-ce qui emporte leurs décisions ? Concluez sur les rapports entre rôle politique et pulsions passionnelles du désir.

ACTE V

SCÈNE PREMIÈRE. HERMIONE.

Où suis-je ? Qu'ai-je fait ? Que dois-je faire encore ?
Quel transport me saisit ? Quel chagrin me dévore ?
1395 Errante et sans dessein je cours dans ce palais.
Ah ! ne puis-je savoir si j'aime ou si je hais ?
Le cruel ! de quel œil il m'a congédiée !
Sans pitié, sans douleur au moins étudiée[1] !
L'ai-je vu se troubler et me plaindre un moment ?
1400 En ai-je pu tirer un seul gémissement ?
Muet à mes soupirs, tranquille à mes alarmes,
Semblait-il seulement qu'il eut part à mes larmes ?
Et je le plains encore ! Et pour comble d'ennui,
Mon cœur, mon lâche cœur s'intéresse pour[2] lui !
1405 Je tremble au seul penser[3] du coup qui le menace !
Et prête à me venger[4], je lui fais déjà grâce !
Non, ne révoquons point l'arrêt[5] de mon courroux :
Qu'il périsse ! aussi bien il ne vit plus pour nous.
Le perfide triomphe et se rit de ma rage :
1410 Il pense voir en pleurs dissiper[6] cet orage ;
Il croit que toujours faible et d'un cœur incertain,
Je parerai d'un bras les coups de l'autre main.

---

1. **Au moins étudiée :** ne serait-ce que simulée, feinte.
2. **S'intéresse pour :** prend parti en sa faveur.
3. **Au seul penser :** à la seule pensée (l'infinitif substantivé appartenait au style soutenu).
4. **Prête à me venger :** sur le point de me venger.
5. **Arrêt :** décision.
6. **Dissiper :** construction très condensée ; nous écririons aujourd'hui « se dissiper ».

Il juge encor de moi par mes bontés passées.
 Mais plutôt le perfide a bien d'autres pensées :
1415 Triomphant dans le temple, il ne s'informe pas
Si l'on souhaite ailleurs sa vie ou son trépas.
Il me laisse, l'ingrat, cet embarras funeste.
Non, non, encore un coup, laissons agir Oreste.

Hermione (Miou-Miou). Mise en scène de Roger Planchon.
T.N.P. de Lyon, 1989.

Qu'il meure, puisque enfin il a dû le prévoir,
1420 Et puisqu'il m'a forcée enfin à le vouloir...
À le vouloir ? Hé quoi ? c'est donc moi qui l'ordonne ?
Sa mort sera l'effet de l'amour d'Hermione ?
Ce prince, dont mon cœur se faisait autrefois
Avec tant de plaisir redire les exploits,
1425 À qui même en secret je m'étais destinée
Avant qu'on eût conclu ce fatal hyménée,
Je n'ai donc traversé tant de mers, tant d'États,
Que pour venir si loin préparer son trépas ?
L'assassiner ? le perdre ? Ah ! devant[1] qu'il expire...

---

1. **Devant** : avant (« devant » était déjà vieilli en ce sens à cette époque).

REPÈRES

• Quels sont les trois thèmes principaux qui scandent ce monologue ? Hermione aime-t-elle encore Pyrrhus ?
• Pourquoi Hermione s'interrompt-elle au milieu d'une phrase (v. 1420 et 1421) ? Quel effet Racine vise-t-il là sur son public ?

OBSERVATION

• Qu'est-ce qui caractérise les premières phrases d'Hermione ?
• Quelle forme particulière de répétition, en début de phrase, marque la première partie de sa tirade ? Cherchez le nom de cette figure de style, et ses effets.
• Relevez les mots par lesquels elle désigne les troubles de son esprit (v. 1393 à 1409). Que signifie « sans dessein » (v. 1395) ? N'en avait-elle pas un très précis ?
• Par quels mots et quelles figures de style — pronoms, noms propres, synecdoques — Hermione se désigne-t-elle ? Qu'est-ce qu'ils révèlent ?
• Quelle est l'information nouvelle qu'apporte le vers 1425 ? En quoi explique-t-elle mieux l'état d'esprit d'Hermione ?

INTERPRÉTATIONS

Le délire de la jalousie.
• Cette scène constitue un des monologues de la pièce : comparez avec celui de la scène 3 de l'acte II. Quelle différence frappe à leur lecture ?
• Y a-t-il de la vraisemblance à ce qu'Hermione parle seule à haute voix ?
• Quand elle évoque la dernière visite de Pyrrhus, est-ce que ce qu'elle en dit est conforme à la réalité ? Et pour la suite : parle-t-elle de ce que Pyrrhus fait et dit ou bien de ce qu'elle imagine qu'il fait et ressent ? Que va-t-elle faire mourir en faisant tuer Pyrrhus ?
• Que se passe-t-il pendant qu'Hermione parle ? Pourquoi Racine a-t-il choisi de montrer Hermione seule plutôt que la cérémonie du mariage ? Quelle est la part des conventions du genre et de l'époque ? Qu'est-ce qu'on y perd ? Qu'est-ce qu'on y gagne ?

SCÈNE 2. HERMIONE, CLÉONE.

HERMIONE

1430 Ah ! qu'ai-je fait, Cléone ? et que viens-tu me dire ?
Que fait Pyrrhus ?

CLÉONE

Il est au comble de ses vœux,
Le plus fier des mortels, et le plus amoureux.
Je l'ai vu vers le temple, où son hymen s'apprête,
Mener en conquérant[1] sa nouvelle conquête,
1435 Et d'un œil où brillaient sa joie et son espoir,
S'enivrer en marchant du plaisir de la voir.
Andromaque, au travers de mille cris de joie,
Porte jusqu'aux autels le souvenir de Troie.
Incapable toujours d'aimer et de haïr,
1440 Sans joie et sans murmure elle semble obéir.

HERMIONE

Et l'ingrat ? jusqu'au bout il a poussé l'outrage ?
Mais as-tu bien, Cléone, observé son visage ?
Goûte-t-il des plaisirs tranquilles et parfaits ?
N'a-t-il point détourné ses yeux vers le palais ?
1445 Dis-moi, ne t'es-tu point présentée à sa vue ?
L'ingrat a-t-il rougi lorsqu'il t'a reconnue ?
Son trouble avouait-il son infidélité ?
A-t-il jusqu'à la fin soutenu sa fierté[2] ?

CLÉONE

Madame, il ne voit rien. Son salut et sa gloire
1450 Semblent être avec vous sortis de sa mémoire.
Sans songer qui le suit, ennemis ou sujets,
Il poursuit seulement ses amoureux projets.
Autour du fils d'Hector il a rangé sa garde,

---

1. **En conquérant** : avec la fierté d'un vainqueur (jeu sur la métaphore guerrière de la conquête appliquée au domaine amoureux, comme il était alors fréquent dans le langage galant).
2. **Soutenu sa fierté** : conservé, maintenu la même attitude fière.

Et croit que c'est lui seul que le péril regarde[1].
1455 Phœnix même en répond[2], qui l'a conduit exprès
Dans un fort éloigné du temple et du palais.
Voilà dans ses transports le seul soin qui lui reste.

HERMIONE

Le perfide ! Il mourra. Mais que t'a dit Oreste ?

CLÉONE

Oreste avec ses Grecs dans le temple est entré.

HERMIONE

1460 Hé bien ! à me venger n'est-il pas préparé ?

CLÉONE

Je ne sais.

HERMIONE

Tu ne sais ? Quoi donc ? Oreste encore,
Oreste me trahit ?

CLÉONE

Oreste vous adore.
Mais de mille remords son esprit combattu
Croit tantôt son amour et tantôt sa vertu.
1465 Il respecte en Pyrrhus l'honneur du diadème ;
Il respecte en Pyrrhus Achille et Pyrrhus même ;
Il craint la Grèce, il craint l'univers en courroux,
Mais il se craint, dit-il, soi-même[3] plus que tous.
Il voudrait en vainqueur vous apporter sa tête ;
1470 Le seul nom d'assassin l'épouvante et l'arrête.
Enfin il est entré, sans savoir dans son cœur
S'il en devait sortir coupable ou spectateur.

HERMIONE

Non, non, il les[4] verra triompher sans obstacle ;
Il se gardera bien de troubler ce spectacle.

---

1. **C'est lui... regarde** : seul le fils d'Hector est en danger.
2. **En répond** : en a la responsabilité.
3. **Soi-même** : au XVIIe siècle, on pouvait construire « soi » avec un antécédent déterminé, là où aujourd'hui nous mettrions « lui-même ».
4. **Les** : Andromaque et Pyrrhus.

1475 Je sais de quels remords son courage est atteint :
Le lâche craint la mort, et c'est tout ce qu'il craint.
Quoi ? sans qu'elle employât une seule prière,
Ma mère en sa faveur arma la Grèce entière ?
Ses yeux pour leur querelle, en dix ans de combats,
1480 Virent périr vingt rois qu'ils ne connaissaient pas ?
Et moi, je ne prétends[1] que la mort d'un parjure,
Et je charge un amant du soin de mon injure,
Il peut me conquérir à ce prix, sans danger,
Je me livre moi-même et ne puis me venger !
1485 Allons : c'est à moi seule à me rendre justice[2].
Que de cris de douleur le temple retentisse ;
De leur hymen fatal troublons l'événement[3],
Et qu'ils ne soient unis, s'il se peut, qu'un moment.
Je ne choisirai point dans ce désordre extrême :
1490 Tout me sera Pyrrhus, fût-ce Oreste lui-même.
Je mourrai ; mais au moins ma mort me vengera,
Je ne mourrai pas seule, et quelqu'un me suivra.

---

1. **Prétends :** demande.
2. **À me rendre justice :** à me faire justice.
3. **Événement :** issue.

REPÈRES

• Quels sentiments révèlent les premières questions d'Hermione ?
• Quelle image d'Andromaque, puis d'Oreste, donnent les réponses de Cléone ? Sont-elles conformes à ce que les spectateurs savent déjà de ces personnages ?
• Quel projet nouveau forme Hermione ? Vers quel dénouement semble-t-on devoir s'acheminer ?

OBSERVATION

• Quels mots emploie Hermione dans les vers 1441 à 1448 pour parler de Pyrrhus ? Qu'espère-t-elle en fait ?
• Quels renseignements pratiques sont donnés dans les vers 1453 à 1457 ? Quelle est leur importance ?
• À quoi Hermione fait-elle allusion dans les vers 1477 à 1480 ?
• Pourquoi dit-elle que l'action d'Oreste serait « sans danger » (v. 1483) ? À quoi fait-elle référence ?

INTERPRÉTATIONS

La fatalité, ou comment le malheur des parents poursuit les enfants.
• Relevez les noms propres employés dans cette scène : à quoi font-ils tous allusion ? Quel écho cela peut-il avoir pour le personnage d'Hermione ? Comment envisage-t-elle d'agir elle-même ?
• Comment comprendre le vers 1490 ? Qu'évoque-t-il des rencontres antérieures des deux personnages dans la pièce ? Qu'annonce-t-il pour la suite ?
• Dans une société profondément chrétienne, un écrivain ne pouvait, surtout en traitant un sujet païen, parler de fatalité divine : ç'aurait été blasphémer contre la doctrine religieuse de la Providence. Aussi Racine remplace-t-il cette idée antique de la fatalité par une image moderne où le passé pèse sur les personnages et impose ses déterminations. Après l'opposition entre Pyrrhus et Andromaque à cause de la guerre de Troie, nous voyons ici Hermione revendiquer d'être semblable à sa mère Hélène. Relevez les mots qu'elle emploie pour évoquer cette similitude : à quels champs lexicaux appartiennent-ils ? Quelle impression peuvent-ils faire sur l'esprit des spectateurs ?

SCÈNE 3. ORESTE, HERMIONE, CLÉONE.

ORESTE

Madame, c'en est fait, et vous êtes servie :
Pyrrhus rend à l'autel son infidèle vie.

HERMIONE

1495 Il est mort ?

ORESTE

Il expire ; et nos Grecs irrités
Ont lavé dans son sang ses infidélités.
Je vous l'avais promis ; et quoique mon courage
Se fît de ce complot une funeste image,
J'ai couru vers le temple, où nos Grecs dispersés
1500 Se sont jusqu'à l'autel dans la foule glissés.
Pyrrhus m'a reconnu, mais sans changer de face[1] :
Il semblait que ma vue excitât son audace,
Que tous les Grecs, bravés en leur ambassadeur[2],
Dussent de son hymen relever la splendeur.
1505 Enfin, avec transport prenant son diadème,
Sur le front d'Andromaque il l'a posé lui-même :
« Je vous donne, a-t-il dit, ma couronne et ma foi !
Andromaque, régnez sur l'Épire et sur moi,
Je voue à votre fils une amitié[3] de père ;
1510 J'en atteste les dieux, je le jure à sa mère :
Pour tous mes ennemis je déclare les siens[4],
Et je le reconnais pour le roi des Troyens. »
À ces mots, qui du peuple attiraient le suffrage,
Nos Grecs n'ont répondu que par un cri de rage ;

1. **Face** : visage, expression.
2. **En leur ambassadeur** : en la personne de leur ambassadeur.
3. **Amitié** : amour.
4. **Pour tous... les siens** : je proclame que désormais les ennemis d'Astyanax
sont aussi les miens.

1515 L'infidèle[1] s'est vu partout envelopper[2],
Et je n'ai pu trouver de place pour frapper.
Chacun se disputait la gloire de l'abattre,
Je l'ai vu dans leurs mains quelque temps se débattre,
Tout sanglant à leurs coups vouloir se dérober,
1520 Mais enfin à l'autel il est allé tomber.
Du peuple épouvanté j'ai traversé la presse[3]
Pour venir de ces lieux enlever ma princesse,
Et regagner le port, où bientôt nos amis
Viendront couverts du sang que je vous ai promis.

HERMIONE

1525 Qu'ont-ils fait !

ORESTE

Pardonnez à leur impatience :
Ils ont, je le vois bien, trahi votre vengeance.
Vous vouliez que ma main portât les premiers coups,
Qu'il sentît en mourant qu'il expirait pour vous ;
Mais c'est moi dont l'ardeur leur a servi d'exemple :
1530 Je les ai pour vous seule entraînés dans le temple,
Madame, et vous pouvez justement vous flatter[4]
D'une mort que leurs bras n'ont fait qu'exécuter.
Vous seule avez poussé les coups...

HERMIONE

Tais-toi, perfide,
Et n'impute qu'à toi ton lâche parricide[5].
1535 Va faire chez tes Grecs admirer ta fureur,
Va ; je la désavoue, et tu me fais horreur.

------

1. **Infidèle** : au sens premier de « parjure », puisque Pyrrhus trahit le serment d'alliance qu'il avait fait avec les États grecs.
2. **Envelopper** : entourer, encercler.
3. **La presse** : la foule, la bousculade.
4. **Vous flatter** : tirer orgueil et fierté.
5. **Parricide** : au XVIIᵉ siècle, et durant tout l'Ancien Régime, le meurtre d'un roi était assimilé à un parricide, puisque le roi était considéré comme le père de ses sujets.

Barbare, qu'as-tu fait ? Avec quelle furie
As-tu tranché le cours d'une si belle vie ?
Avez-vous pu, cruels, l'immoler aujourd'hui,
1540 Sans que tout votre sang se soulevât pour lui ?
Mais parle : de son sort qui t'a rendu l'arbitre ?
Pourquoi l'assassiner ? Qu'a-t-il fait ? À quel titre ?
Qui te l'a dit ?

ORESTE
Ô dieux ! Quoi ? ne m'avez-vous pas
Vous-même, ici, tantôt, ordonné son trépas ?

HERMIONE
1545 Ah ! fallait-il en croire une amante insensée ?
Ne devais-tu pas[1] lire au fond de ma pensée ?
Et ne voyais-tu pas, dans mes emportements,
Que mon cœur démentait ma bouche à tous moments ?
Quand je l'aurais voulu, fallait-il y souscrire ?
1550 N'as-tu pas dû cent fois te le faire redire ?
Toi-même avant le coup me venir consulter,
Y revenir encore, ou plutôt m'éviter ?
Que ne me laissais-tu le soin de ma vengeance ?
Qui[2] t'amène en des lieux où l'on fuit ta présence ?
1555 Voilà de ton amour le détestable fruit :
Tu m'apportais, cruel, le malheur qui te suit.
C'est toi dont l'ambassade, à tous les deux fatale,
L'a fait pour son malheur pencher vers ma rivale.
Nous le verrions encor nous partager ses soins[3] ;
1560 Il m'aimerait peut-être, il le feindrait du moins.
Adieu. Tu peux partir. Je demeure en Épire :
Je renonce à la Grèce, à Sparte, à son empire,
À toute ma famille ; et c'est assez pour moi,
Traître, qu'elle ait produit un monstre comme toi.

----

1. **Ne devais-tu pas** : n'aurais-tu pas dû.
2. **Qui** : qu'est-ce qui.
3. **Soins** : ici, attentions amoureuses.

REPÈRES

• Encore un « c'en est fait » (v. 1493) : que signifie cette fois cette expression ?

• Qu'est-ce, exactement, qui a provoqué la mort de Pyrrhus ? Comment les questions politiques et les passions amoureuses se trouvent-elles mêlées à ce moment ?

• Que pensez-vous des détails qui sont donnés sur la mort de Pyrrhus ? Quels effets peuvent-ils produire sur les personnages ? Sur les spectateurs ?

OBSERVATION

• La tirade d'Oreste (v. 1495 à 1524) : comment sont rapportées les paroles de Pyrrhus ? Pourquoi ?

• La tirade d'Hermione : quel est le type de phrase le plus employé ? Quels sont les pronoms les plus utilisés ? Quel ton donnent-ils à cette réplique ?

• Les adjectifs dont Hermione qualifie Oreste : relevez-les. Quelle image donnent-ils ?

• Quel est le sens de « parricide » (v. 1534) ?

INTERPRÉTATIONS

Dénouement et ultime péripétie.

• Quelle peut être, sur scène, l'attitude de l'actrice jouant le rôle d'Hermione pendant le récit d'Oreste ?

• Comment comprenez-vous les vers 1541 à 1543 ? Dans quel état se trouve alors Hermione ?

• Pourquoi accuse-t-elle Oreste ? Ce dernier pouvait-il prévoir ce changement d'attitude ? Et les spectateurs ? Quels indices l'avaient préparé ?

• Quels sont les noms propres que prononce Hermione à la fin de sa tirade ? Comparez avec ceux qui étaient cités à la scène précédente. Qu'en concluez-vous ? Quels échos cela peut-il avoir pour le spectateur ou le lecteur ?

SCÈNE 4. ORESTE, *seul.*

1565 Que vois-je ? Est-ce Hermione ? Et que viens-je
                                            d'entendre ?
    Pour qui coule le sang que je viens de répandre ?
    Je suis, si je l'en crois, un traître, un assassin.
    Est-ce Pyrrhus qui meurt ? et suis-je Oreste enfin ?
    Quoi ? j'étouffe en mon cœur la raison qui m'éclaire,
1570 J'assassine à regret un roi que je révère,
    Je viole en un jour les droits des souverains,
    Ceux des ambassadeurs, et tous ceux des humains,
    Ceux même des autels où ma fureur l'assiège :
    Je deviens parricide, assassin, sacrilège.
1575 Pour qui ? pour une ingrate à qui je le promets,
    Qui même, s'il ne meurt, ne me verra jamais,
    Dont j'épouse[1] la rage ! Et quand je l'ai servie,
    Elle me redemande et son sang et sa vie[2] !
    Elle l'aime ! et je suis un monstre furieux !
1580 Je la vois pour jamais s'éloigner de mes yeux !
    Et l'ingrate en fuyant me laisse pour salaire
    Tous les noms odieux que j'ai pris pour lui plaire !

SCÈNE 5. ORESTE, PYLADE, SOLDATS D'ORESTE.

PYLADE

    Il faut partir, Seigneur. Sortons de ce palais,
    Ou bien résolvons-nous de[3] n'en sortir jamais.
1585 Nos Grecs pour un moment en défendent la porte ;

---

1. **J'épouse** : j'adopte, je partage.
2. **Son sang et sa vie** : le sang et la vie de Pyrrhus.
3. **De** : à (voir le vers 443).

Tout le peuple assemblé nous poursuit à main forte[1] ;
Aux ordres d'Andromaque ici tout est soumis,
Ils la traitent en reine, et nous comme ennemis.
Andromaque elle-même, à Pyrrhus si rebelle,
1590 Lui rend tous les devoirs d'une veuve fidèle,
Commande qu'on le venge, et peut-être sur nous
Veut venger Troie encore et son premier époux.
Allons, n'attendons pas que l'on nous environne[2] :
Nos Grecs nous rejoindront ; et tandis qu'Hermione
1595 Tient encore le peuple autour d'elle arrêté,
Voilà notre chemin, sortons en sûreté.

ORESTE

Non, non, c'est Hermione, amis, que je veux suivre.
À son dernier arrêt je ne puis plus survivre.
Partez : j'ai fait le crime, et je vais l'expier.

PYLADE

1600 Hermione, Seigneur ? Il la faut oublier.
Quoi ! toujours l'instrument et l'objet de sa rage,
Cherchez-vous chez les morts quelque nouvel outrage ?
Et parce qu'elle meurt faut-il que vous mouriez ?

ORESTE

Elle meurt ? Dieux ! qu'entends-je ?

PYLADE

                             Eh quoi ? vous l'ignoriez ?
1605 En rentrant dans ces lieux nous l'avons rencontrée
Qui courait vers le temple, inquiète, égarée[3].
Elle a trouvé Pyrrhus porté sur[4] des soldats
Que son sang excitait à venger son trépas.
Sans doute à cet objet[5] sa rage s'est émue.

----

1. **À main forte :** en armes.
2. **Environne :** encercle.
3. **Égarée :** ayant perdu la raison (« inquiète » signifie, au sens premier, qui a perdu tout son calme).
4. **Sur :** par.
5. **Objet :** ce qu'on voit (sens latin).

1610 Mais du haut de la porte[1] enfin nous l'avons vue
Un poignard à la main sur Pyrrhus se courber,
Lever les yeux au ciel, se frapper et tomber.

ORESTE

Grâce aux dieux ! Mon malheur passe[2] mon espérance !
Oui, je te loue, ô ciel, de ta persévérance !
1615 Appliqué sans relâche au soin de me punir,
Au comble des douleurs tu m'as fait parvenir.
Ta haine a pris plaisir à former ma misère[3] ;
J'étais né pour servir d'exemple à[4] ta colère,
Pour être du malheur un modèle accompli.
1620 Hé bien ! je meurs content, et mon sort est rempli.
Où sont ces deux amants ? Pour couronner ma joie,
Dans leur sang, dans le mien, il faut que je me noie ;
L'un et l'autre en mourant je les veux regarder :
Réunissons trois cœurs qui n'ont pu s'accorder...
1625 Mais quelle épaisse nuit tout à coup m'environne ?
De quel côté sortir ? D'où vient que je frissonne ?
Quelle horreur me saisit ! Grâce au ciel j'entrevoi...
Dieux ! quels ruisseaux de sang coulent autour de moi !

PYLADE

Ah ! Seigneur !

ORESTE

Quoi ? Pyrrhus, je te rencontre encore ?
1630 Trouverai-je partout un rival que j'abhorre[5] ?
Percé de tant de coups, comment t'es-tu sauvé ?
Tiens, tiens, voilà le coup que je t'ai réservé.

1. **Du haut de la porte :** depuis le haut des marches menant à la porte du palais, où Pylade allait rejoindre Oreste.
2. **Passe :** dépasse ce que j'avais pu imaginer.
3. **Misère :** au sens premier, « malheur ».
4. **À :** de.
5. **Que j'abhorre :** que je déteste, que je hais.

Oreste (Richard Berry). Mise en scène de Roger Planchon.
T.N.P. de Lyon, 1989.

Mais que vois-je ? À mes yeux Hermione l'embrasse[1] !
Elle vient l'arracher au coup qui le menace ?
1635 Dieux ! quels affreux regards elle jette sur moi !
Quels démons, quels serpents traîne-t-elle après soi ?
Eh bien ! filles d'enfer[2], vos mains sont-elles prêtes ?
Pour qui sont ces serpents qui sifflent sur vos têtes ?
À qui destinez-vous l'appareil qui vous suit ?
1640 Venez-vous m'enlever dans l'éternelle nuit ?
Venez, à vos fureurs Oreste s'abandonne.
Mais non, retirez-vous, laissez faire Hermione :
L'ingrate mieux que vous saura me déchirer ;
Et je lui porte enfin mon cœur à dévorer.

---

1. **Embrasse** : entoure de ses bras.
2. **Filles d'enfer** : les Furies, déesses de la Vengeance, qui persécutaient les assassins.

PYLADE

1645 Il perd le sentiment[1]. Amis, le temps nous presse.
Ménageons[2] les moments que ce transport nous laisse.
Sauvons-le. Nos efforts deviendraient impuissants
S'il reprenait ici sa rage avec ses sens.

---

1. **Il perd le sentiment :** il s'évanouit.
2. **Ménageons :** mettons à profit.

REPÈRES

• Le monologue d'Oreste (scène 4) : par quels mots se désigne-t-il lui-même ? Comparez ce monologue avec les précédents.
• Quelles informations nouvelles apporte Pylade (scène 5) ?
• Quelle attitude a adoptée Andromaque ? Pourquoi ?
• Qu'est-ce qui intéresse Oreste à l'exclusion de tout autre sujet ? Comparez avec la situation qui était la sienne au début de la pièce.

OBSERVATION

• Relevez les noms de lieux, de couleurs, de sentiments, de divinités dans la tirade d'Oreste : quelles images sont évoquées là pour le spectateur ou le lecteur ?
• Relevez les effets d'harmonie imitative (voir p. 204) : quel supplément de sens ce procédé poétique donne-t-il à la pièce ?
• À quel moment Oreste perd-il tout à fait la raison ? Qu'est-ce qui avait préparé cet accès de folie ?

INTERPRÉTATIONS

Un univers détruit, un univers à reconstruire.
• Pylade sauve Oreste : quel sera ensuite le sort de ce héros (voir p. 219) ? Quel relief supplémentaire cela donne-t-il au dénouement ?
• Comment et sur quel ton l'acteur qui joue le rôle d'Oreste doit-il prononcer sa dernière réplique ?
• Les bienséances (voir p. 202) obligeaient les auteurs de tragédies à rejeter dans la coulisse les événements les plus spectaculaires et à les remplacer par des récits. Quel événement Racine a représenté sur scène ? Pourquoi ? Qu'est-ce qui se passe pendant ce temps hors scène ? Quelle tonalité le contraste entre les deux donne-t-il à la fin de la pièce ?
• Quel a été, au dénouement, le sort de chacun des protagonistes ? Quel contraste se dessine là ? Pyrrhus proposait à Andromaque de faire renaître Troie : est-ce accompli ? Grâce à quoi ?

Récapitulation

• Quel personnage avait occupé la scène au début de l'acte ? Lequel l'occupe à la fin ?

• Quels sont ceux qu'on ne voit pas ?

• À quel moment de la journée se situe l'acte V ? Quel intervalle peut-on supposer avec l'acte IV ? Pourquoi ? Comment a évolué l'état d'esprit d'Oreste en ce bref délai ?

• Combien y a-t-il de monologues dans l'ensemble de la pièce ? Et dans l'acte V ?

L'art du dénouement et la pitié

• Dans une première version de sa pièce, Racine avait proposé un dénouement un peu différent (voir p. 185) : comparez les deux versions et dites laquelle vous paraît la mieux adaptée à la tonalité d'ensemble de l'œuvre. Pourquoi ?

• Andromaque n'apparaît plus sur scène ; elle est sauvée, et Astyanax avec elle ; ce n'est donc pas sur eux que peut se porter la pitié des spectateurs. Sur qui peut-elle alors se concentrer ?

• Y a-t-il de la peur (ou « terreur » : voir p. 24) dans ce dénouement ? De quoi ?

• La catharsis est-elle le seul effet de ce dénouement ? Quel espoir voit le jour ? À quelle légende française Racine fait-il ainsi allusion (voir p. 218) ?

Comment lire l'œuvre

L'action

Bilan

1. Faites un tableau des apparitions des personnages en scène, selon le modèle suivant :

Personnages	Acte I				Acte II					Etc.
	sc. 1	sc. 2	sc. 3	sc. 4	sc. 1	sc. 2	sc. 3	sc. 4	sc. 5	etc.
Andromaque										
Pyrrhus										
Oreste										
Etc.										

Pour plus de précision, recensez ensuite le nombre de vers dits par chacun des personnages principaux.

Quelles constatations faites-vous ? Lesquels sont les plus présents, les plus actifs ? Lesquels parlent le plus ? Lesquels ne se rencontrent jamais sur scène ?

2. Une pièce aux multiples péripéties : relevez le nombre de retournements de situation ; comparez au nombre d'actes. Qu'en concluez-vous ? Comment pourrait-on qualifier la structure d'ensemble d'*Andromaque* ?

3. Action et récits : relevez les divers moments où sont faits des récits. Quelle proportion représentent-ils par rapport à l'ensemble ? Qu'évoquent-ils surtout ?

4. L'univers du mythe (voir p. 216) et la rêverie poétique : en vous aidant du dictionnaire des noms propres (voir p. 210), définissez les références mythologiques les plus fréquentes dans la pièce. À quel temps et à quel espace renvoient-elles ?

5. Comparez les premiers mots prononcés par Oreste, et les derniers : pouvez-vous y déceler un effet d'ironie tragique (voir p. 205) ? Y en a-t-il d'autres dans la pièce ? Si oui, lesquels ?

6. Faites un relevé des vers dont la construction ou les sonorités vous ont semblé remarquables : quels thèmes y retrouve-t-on le plus souvent ?

Schéma narratif : une série de revirements

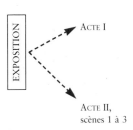

EXPOSITION

ACTE I

Oreste vient en ambassade auprès de Pyrrhus pour réclamer Astyanax, fils d'Hector, qui a survécu à la guerre de Troie. Mais Pyrrhus aime Andromaque, veuve d'Hector, et Oreste lui-même aime Hermione, fiancée de Pyrrhus. Il décide de faire échouer son ambassade. Ce qui advient. Mais Andromaque repousse Pyrrhus.

ACTE II,
scènes 1 à 3

Oreste, qui l'ignore, rencontre Hermione. Elle se déclare prête à quitter Pyrrhus, s'il choisit Andromaque.

NŒUD

ACTE II,
scènes 4 et 5

Andromaque ayant encore repoussé Pyrrhus, celui-ci décide (1re péripétie) d'épouser Hermione et en informe Oreste qu'il charge d'en avertir Hermione.

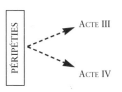

PÉRIPÉTIES

ACTE III

ACTE IV

Oreste veut enlever Hermione. Mais, devant le danger qui pèse sur son fils, Andromaque, après avoir hésité, change d'avis : elle décide d'épouser Pyrrhus et de se tuer aussitôt. Hermione, folle de jalousie, promet à Oreste de se donner à lui s'il tue Pyrrhus.

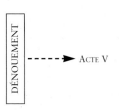

DÉNOUEMENT

ACTE V

Tandis que le mariage se déroule au temple, Hermione restée seule au palais se désespère. Oreste vient lui annoncer la mort de Pyrrhus. Elle le repousse et court se tuer sur le corps de celui qu'elle aimait. Oreste devient fou. Cependant, Andromaque a pris le gouvernement du pays et poursuit les assassins de Pyrrhus.

L'intrigue : un jeu d'équivoques

Une étrange ambassade... (acte I)

Oreste arrive à la cour de Pyrrhus, avec mission de réclamer la mise à mort d'Astyanax, descendant des rois de Troie et prisonnier de Pyrrhus. En fait, il rêve surtout de revoir Hermione, fiancée de Pyrrhus, qu'il aime et voudrait emmener. Son ami Pylade, qu'il retrouve là par hasard, promet de l'aider. Il lui conseille de jouer sur le fait que Pyrrhus aime Andromaque, sa captive, mère d'Astyanax : si Pyrrhus, pour plaire à celle-ci, refuse la mort de l'enfant, ses fiançailles avec Hermione seront rompues, et Oreste pourra emmener celle qu'il aime (scène 1).

L'entrevue entre Oreste et Pyrrhus se passe mal en effet : Oreste se montre assez provocant, et Pyrrhus refuse de livrer l'enfant (scène 2).

Mais Pyrrhus est ensuite déçu : quand il fait part à Andromaque de la façon dont il l'a protégée, elle refuse malgré tout de l'épouser. Il la somme de réfléchir, et l'envoie voir son enfant, pensant qu'elle sera tentée d'accepter le mariage pour le sauver (scène 4).

Illusions et désillusions d'Oreste (acte II)

Hermione accepte de recevoir Oreste ; elle se sent blessée par l'attitude de Pyrrhus (scène 1). Leurs retrouvailles sont difficiles, mais elle envisage, si Pyrrhus persiste dans sa décision en faveur d'Andromaque, de partir avec Oreste. Celui-ci croit avoir partie gagnée (scènes 2 et 3).

Mais, dans l'intervalle, Andromaque a maintenu son refus d'épouser Pyrrhus. Et celui-ci vient — renversement de situation — annoncer à Oreste qu'il va livrer l'enfant. Oreste est frappé de stupeur (scène 4). Au fond de son cœur, pourtant, Pyrrhus hésite encore (scène 5).

L'ultimatum (acte III)

Fou de rage, Oreste décide d'enlever Hermione de force (scène 1). Cette dernière, en revanche, se réjouit du mariage que Pyrrhus a décidé de conclure avec elle le jour même (scènes 2 et 3). Andromaque vient se jeter à ses pieds, la supplier de sauver son fils. Hermione la repousse (scène 4). Survient Pyrrhus.

Andromaque finit par le supplier lui aussi. Il lui lance alors un ultimatum : ou elle l'épouse sur-le-champ, ou Astyanax meurt ; elle doit répondre dans une heure (scènes 6 et 7).

La course à la mort (acte IV)

Après avoir prié sur le tombeau d'Hector, Andromaque a pris une décision : elle va épouser Pyrrhus, afin de sauver Astyanax, et, pour ne pas être infidèle à la mémoire de son premier mari, se tuer aussitôt après (scène 1). Hermione est furieuse en apprenant que Pyrrhus retourne à Andromaque. Elle convoque Oreste, et, comme condition de sa fuite avec lui, exige qu'il tue Pyrrhus. Sa jalousie est sans bornes : plutôt tuer celui qu'elle aime que le voir à une autre (scènes 2, 3 et 4).

Pyrrhus vient en personne lui expliquer sa décision d'épouser Andromaque. Elle laisse éclater sa rage, et lui fait comprendre qu'elle souhaite se venger (scène 5).

Un dénouement à rebondissements (acte V)

Tandis que le mariage de Pyrrhus et d'Andromaque se célèbre au temple, Hermione se ronge de rage jalouse (scène 1). Sa confidente vient lui raconter que la cérémonie avance, mais qu'Oreste n'a pas encore agi (scène 2).

Oreste survient : sa garde de soldats grecs, furieuse de voir Pyrrhus rompre l'alliance, l'a frappé à mort. Stupéfaction : Hermione lui reproche ce crime qu'elle avait commandé (scène 3). Oreste est alors atteint de folie. Pylade, qui a tout préparé pour leur fuite, lui annonce qu'Hermione s'est tuée sur le corps de Pyrrhus, que le peuple reconnaît Andromaque pour reine et veut venger son roi, et le sauve in extremis du suicide (scènes 4 et 5).

La structure : la crise tragique

La théorie de la tragédie classique exigeait le respect de plusieurs règles. Des règles de forme : cinq actes, en alexandrins. Des règles de contenu : que les personnages soient d'un rang social très élevé, et que la fin soit malheureuse. Enfin, des règles d'unité : unité de lieu, d'action et de temps ; cette dernière consistait à faire que les événements tiennent en vingt-quatre heures au plus.

Racine respecte très bien ces règles, en particulier l'unité de temps : l'action de sa pièce tient en une journée. Mais il ne se contente pas de les respecter de façon mécanique : il en fait le moyen de rendre sensible, pour les spectateurs, un état de crise qui est essentiel à l'esthétique de la tragédie. En effet, *Andromaque* correspond à une crise politique : l'ambassade d'Oreste apporte à Pyrrhus un ultimatum. Et la crise politique déclenche la crise passionnelle : jusque-là, Pyrrhus hésitait encore entre Andromaque et Hermione, et Hermione gardait espoir et patience. Avec l'arrivée d'Oreste, tout se précipite. Le moindre mot, le moindre geste peuvent avoir des conséquences terribles (guerre, assassinat, etc.).

Cette ambiance où le danger est partout, à tout instant, provoque un effet essentiel de la tragédie : la sensation de la « terreur » que le spectateur peut ressentir. De ce point de vue, *Andromaque* associe de façon remarquable la crise passionnelle et la crise politique.

Les personnages : fureur et fatalité

Des souvenirs obsédants

L'histoire que relate *Andromaque* est tout entière marquée par la guerre de Troie, achevée un an plus tôt. Toutes les attitudes et toutes les relations des personnages trouvent là des sources de contradictions insolubles.

Ainsi Hector, mari d'Andromaque, a été tué par Achille, père de Pyrrhus. Hermione avait préalablement été promise en mariage à Pyrrhus pour obtenir son alliance dans cette guerre. Du coup, Oreste, qui l'aimait, s'en est trouvé bouleversé, et est obsédé par cet amour perdu. Andromaque, hantée par le souvenir d'Hector, a élevé à sa mémoire un cénotaphe (un tombeau ne contenant pas le corps du défunt). Enfin, Astyanax est le symbole vivant de cette guerre passée dont les conséquences n'en finissent pas de peser sur le présent.

Ce poids du passé est une façon de représenter la fatalité : le destin de chaque personnage est déterminé par une logique qui le dépasse et contre laquelle sa raison, sa volonté ne peuvent rien. Cela permet à Racine d'évoquer le monde mythologique et ses puissances surhumaines.

Des êtres de fureur : Oreste, Hermione, Pyrrhus

Pris dans cette logique infernale, certains des personnages sont entraînés vers la folie, la « fureur » au sens premier du terme (voir p. 209). Ils essayent plus ou moins d'y résister, mais finissent par être emportés.

Oreste

« Puisqu'après tant d'efforts ma résistance est vaine,
Je me livre en aveugle au destin qui m'entraîne.
J'aime : je viens chercher Hermione en ces lieux,
La fléchir, l'enlever, ou mourir à ses yeux. »

Acte I, scène 1 (v. 97-100).

Il est l'exemple le plus net de ces êtres de fureur ; il sombre vraiment dans la démence à la fin de la pièce.

Fils d'Agamemnon, le plus grand roi de la Grèce (voir p. 210), il est trop jeune pour avoir pris part à la guerre de Troie. Mais celle-ci l'a privé d'Hermione qu'il aime avec passion. Dès le début de la pièce, il est donc dans une situation fausse : il s'est fait nommer ambassadeur non pas pour servir son pays, mais pour servir ses intérêts personnels. Ensuite, il est le jouet des événements : tous ses calculs se révèlent faux. Un reste de morale le retient : il n'ose pas tuer Pyrrhus. Mais il est animé par la fureur amoureuse : son projet d'enlever Hermione est un projet « fou ».

Hermione

« Où suis-je ? Qu'ai-je fait ? Que dois-je faire encore ?
Quel transport me saisit ? Quel chagrin me dévore ?
Errante et sans dessein je cours dans ce palais.
Ah ! ne puis-je savoir si j'aime ou si je hais ?
Le cruel ! De quel œil il m'a congédiée ! »

Acte V, scène 1 (v. 1393-1397).

Elle incarne la fureur de la jalousie. Son amour pour Pyrrhus est sincère : elle l'admire, et elle s'est attachée à lui au point de supporter l'humiliation de le voir hésiter entre elle et Andromaque. Passion et jalousie la plongent dans une contradiction insoluble : elle désire vraiment la mort de Pyrrhus, et elle ne la supporte pas. Elle apparaît cruelle, à l'égard d'Andromaque et même d'Oreste : en fait, elle est faible, incapable de maîtriser la douleur que l'humiliation de son amour lui procure.

Pyrrhus

> « Je vous le dis, il faut ou périr ou régner.
> Mon cœur désespéré d'un an d'ingratitude,
> Ne peut plus de son sort souffrir l'incertitude.
> C'est craindre, menacer et gémir trop longtemps.
> Je meurs si je vous perds, mais je meurs si j'attends. »
>
> Acte III, scène 7 (v. 968-972).

Il est le fils d'Achille, qui incarnait dans la mythologie le guerrier plein de fougue, presque invincible, mais sujet à s'emporter par colère (voir p. 217). Après la mort de son père, Pyrrhus a pris sa place dans l'armée grecque et mené le combat avec la plus grande violence. Il voudrait oublier ce passé : son amour pour Andromaque exprime un désir de vivre au présent. Mais, au lieu d'essayer de la convaincre par la douceur, il veut lui arracher un mariage de force. Il apparaît donc lui aussi comme un personnage de violence, emporté par sa passion.

Un être de douleur : Andromaque

> Ô cendres d'un époux ! Ô Troyens ! Ô mon père !
> Ô mon fils, que tes jours coûtent cher à ta mère !
>
> Acte III, scène 8 (v. 1045-1046).

Face à ces êtres passionnés, le personnage d'Andromaque offre une image émouvante par sa triple faiblesse : elle est une veuve fidèle au souvenir de son mari, et inconsolable ; elle est une mère que le sort de son enfant angoisse ; elle est une prisonnière soumise au bon vouloir des vainqueurs. La « solution » à laquelle elle aboutit (épouser Pyrrhus pour sauver son fils, puis se tuer aussitôt) montre bien dans quelles contradictions elle se trouve prise. Un tel personnage éveillait la pitié chez les spectateurs, pouvait leur faire verser des larmes.

Cependant, dans le dénouement que Racine a choisi, Andromaque s'emploie à venger Pyrrhus. Cela révèle un côté énergique du personnage, qu'on avait peu vu jusque-là. Mais c'est aussi que, en vengeant Pyrrhus, c'est un peu la vengeance de Troie qu'elle entreprend.

Schéma actantiel : l'ambivalence tragique

Dans les rapports de désir et de pouvoir entre les personnages d'*Andromaque*, on a remarqué depuis longtemps la présence d'un schéma du type : A aime B qui ne l'aime pas mais aime C, qui ne l'aime pas mais aime D ; soit ici : Oreste aime Hermione qui aime Pyrrhus qui aime Andromaque, qui aime Hector qui est mort. Ce type de schéma vient de la tradition de la pastorale et s'inscrit dans la perspective galante (voir p. 14). Mais Racine le transforme en le rendant tragique. Cela par deux moyens. Le premier est qu'Andromaque reste attachée à Hector, personnage défunt, et que le souvenir peut alors être un lien encore plus fort que l'amour pour un être vivant. Le second est que Pyrrhus détient le pouvoir : il est roi d'Épire, Andromaque est sa captive, Oreste est envoyé auprès de lui comme ambassadeur. Or ce rapport de pouvoir d'ordre social est bouleversé par un pouvoir d'ordre affectif : Pyrrhus exerce son pouvoir sur Andromaque, mais il subit aussi le pouvoir que celle-ci exerce sur ses sentiments. Ce qui se traduit par deux schémas de relations concurrents.

L'ordre du pouvoir politique

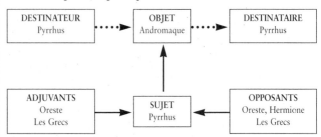

Dans cette configuration, qui est celle du début de la pièce, on voit que le personnage de Pyrrhus occupe à la fois les postes de destinateur, destinataire et sujet : on est en présence de la situation du pouvoir absolu. Oreste, Hermione, et la confédération des royaumes grecs qu'ils représentent sont des opposants (ils veulent la mort d'Astyanax, donc entravent l'action que Pyrrhus désire mener) mais aussi, dans le cas d'Oreste (et en second plan, des Grecs), ils sont adjuvants objectifs de Pyrrhus, puisque leur menace contre Astyanax peut contribuer à faire décider Andromaque en faveur de Pyrrhus.

L'ordre des relations affectives

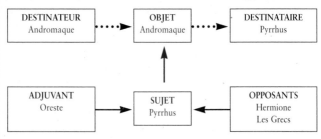

Si l'on prend en compte le pouvoir des sentiments, Andromaque peut décider de se donner ou de se refuser : elle a donc la position de destinateur. Et là, l'attitude d'Oreste révèle ses vrais buts : il vise à favoriser le mariage entre Andromaque et Pyrrhus, pour pouvoir, lui, épouser Hermione. La comparaison des deux schémas montre toute l'ambiguïté de son comportement.

Elle révèle aussi que les mouvements affectifs peuvent avoir, dans cette pièce, plus de puissance que les pouvoirs politiques. C'est donc le jeu des passions qui caractérise les personnages.

Les « caractères » : des figures de passions

Les fonctions actantielles d'*Andromaque* correspondent donc au principe selon lequel le vraisemblable dans la tragédie classique repose surtout sur les « caractères » (voir p. 202) : ce sont les *passions* (voir p. 21) qui les déterminent. La répartition des tempéraments dominants (voir p. 23) fait de ces personnages des figures qui incarnent chacune une humeur prépondérante. Hermione est une figure de la *colère*, sous la forme de la jalousie ; Oreste, une figure de la folie suscitée par la *mélancolie* ; Pyrrhus, une figure de l'excès d'emportement dû à un tempérament *sanguin*. Ces trois figures de l'excès vont vers les « transports », le délire, la *fureur*. Face à elles, Andromaque apparaît comme une figure de femme, dominée selon l'anthropologie classique par l'humeur de la lymphe – celle qui conduit à la pitié ou compassion (ce qu'elle éprouve pour son fils menacé), la plainte, la douleur, et s'oppose à la fureur.

Poésie et diction théâtrale

La poésie ne réside pas seulement dans les images ou dans la nature des choses évoquées dans un texte : elle tient tout autant à la disposition des mots, des rythmes, des sonorités. Cela est particulièrement important lorsqu'il s'agit de textes destinés à être dits et écoutés, et pas seulement à être lus en silence ; tel est le cas, évidemment, des œuvres théâtrales.

Racine a été reconnu dès son époque comme particulièrement habile dans la manière d'agencer ses rythmes, cadences, sonorités, et à créer par là des effets de sens. Il était un artiste du « beau vers », comme on disait alors. *Andromaque* donne de multiples exemples de sa virtuosité d'écriture ; en retour, mieux comprendre celle-ci permet de mieux saisir les nuances et richesses de sens de l'œuvre.

Racine metteur en mots et metteur en scène

En véritable homme de théâtre, Racine avait le souci de la représentation matérielle de ses œuvres. Il travaillait en étroite collaboration avec les acteurs, et leur indiquait comment il désirait que soient interprétés les rôles qu'il composait. Il était lui-même doté d'une belle voix, et les leçons de diction de ses maîtres de Port-Royal avaient perfectionné ce talent. Des témoignages de l'époque disent que, quand il rédigeait une pièce, il aimait pouvoir « tester » les vers en les prononçant lui-même à haute voix.

À ses acteurs, il demandait de jouer sur les contrastes, les nuances : le ton général de ses pièces est soutenu, mais contenu ; par moments, il s'adoucit au moyen d'euphémismes, ou par des jeux d'ironie ; à d'autres moments, il devient emporté, pouvant aller jusqu'à la frénésie. Racine, dit-on, expliquait cela à ses interprètes en leur indiquant « mot par mot » comment dire ses textes.

L'art des nuances et des contrastes

La tragédie appartient au registre que les hommes du XVIIᵉ siècle appelaient celui du « style soutenu » ; ils le distinguaient du style « moyen », et du style « bas », qui est celui par exemple de la farce. L'utilisation de l'alexandrin, dans une pièce de théâtre, était alors une convention littéraire destinée à reproduire le langage « vrai » mais en le dotant d'une noblesse supplémentaire. Ainsi, l'alexandrin employé dans la comédie faisait que celle-ci pouvait appartenir au style dit « moyen », tout en étant nantie d'un caractère de politesse ; dans la tragédie, l'alexandrin permettait de passer alternativement par des moments de discours héroïques ou épiques, et des moments plus intimistes.

Dans l'usage qu'il fait de l'alexandrin théâtral, Racine se trouve dans la lignée de Pellisson, théoricien de l'esthétique galante contemporain de Racine, qui définissait ainsi la « grande poésie » :

« Si quelqu'un s'imagine que la grande poésie ne consiste qu'à dire de grandes choses, il se trompe. Elle doit souvent, je le confesse, se précipiter comme un torrent. Mais elle doit plus souvent encore couler comme une paisible rivière, et plus de personnes peut-être sont capables de faire une description pompeuse ou une comparaison élevée que d'avoir ce style égal et naturel qui sait dire les petites choses ou les médiocres sans bassesse, sans contrainte, et sans dureté » (*Discours sur les Œuvres de Sarasin*, 1656, rééd. in *L'Esthétique galante,* S.L.C., 1989).

Racine est un poète de la nuance et du contraste, exprimant par moments des visions épiques (comme celle de la chute de Troie), par moments des visions d'horreur (comme celles de la folie), et à d'autres moments des visions tendres (quand Andromaque parle de son fils, par exemple), ou des visions émouvantes (quand la même Andromaque exhale sa plainte). Ce sont ces variations que, sous l'apparente monotonie de l'alexandrin, ses vers donnent à entendre, et ce sont elles que les acteurs, par leur diction, doivent rendre perceptibles pour les spectateurs.

On trouvera ci-dessous, à titre d'exemples, l'analyse de quelques vers relevant des différents registres.

Dire la plainte

Ce vers 301 que prononce Andromaque :

« Captive, toujours triste, importune à moi-même… » donne un exemple, parmi tant d'autres, de la façon dont l'harmonie du style exprime un état d'esprit chez le personnage, donc crée, autant que le sens des mots, l'idée de cet état d'esprit pour le spectateur.

Les trois adjectifs par lesquels Andromaque se décrit sont rangés dans un ordre d'importance croissante. Importance croissante du point de vue du sens : le premier indique sa situation, le deuxième, son état ordinaire, le troisième, ce qu'elle éprouve intérieurement. Mais importance croissante du point de vue sonore également : le nombre de syllabes augmente régulièrement. Cette impression est accentuée par l'atténuation de la césure (le « e » muet de « triste » ne se prononce pas) et par la rime féminine (le vers se termine par un autre « e » muet, qui ne se prononce pas mais laisse la voix en suspens) qui allonge la sonorité finale du vers, laisse l'espace sonore ouvert.

En même temps, le jeu des sonorités crée, à l'intérieur du cadre ainsi défini, une gamme de nuances. Dans le premier hémistiche, les deux mots essentiels s'achèvent sur la même sonorité aiguë, un « i » (captiv[e], trist[e]) ; en revanche, les consonnes sont fortement marquées par l'allitération en « t » (quatre fois) renforcée par le « r » (deux fois). Dans le second hémistiche, le même noyau consonantique revient (importune), en écho. Mais les sonorités vocaliques (les voyelles) sont cette fois des voyelles ouvertes, graves (« o », « a », « oi », « ê »).

Le vers est ainsi, dans son ensemble, lent (césure atténuée), régulier (il comporte quatre voyelles accentuées réparties à raison de deux par hémistiche), et, par sa mélodie, de plus en plus « grave ».

Ce n'est encore, là, qu'une analyse partielle, qu'on peut compléter en étudiant, entre autres, le changement de personne dans la syntaxe (Andromaque parle d'elle à la troisième personne, puis passe ici un instant à la première, « moi »). Mais il suffit de repérer l'architecture générale du vers, et de mesurer ensuite quel contraste il forme avec le suivant :

« Captive, toujours triste, importune à moi-même,
Pouvez-vous souhaiter qu'Andromaque vous aime ? »

Dans le second, les sonorités vocaliques sont sourdes (prépondérance des « ou ») et les consonnes résonnent comme un souffle (« v », « s »).

Ainsi l'incongruité de la demande d'amour faite par Pyrrhus est signifiée, autant que par le contraste des mots (« triste »/« aimer »), par le contraste des sonorités.

Dire la menace

Contraste, encore, entre de tels vers et d'autres où s'expriment des sentiments tout à fait opposés. Ainsi, dans la même scène (acte I, scène 4), la réaction de Pyrrhus se marque par la colère et la menace. Mais cette menace peut être manifestée de diverses manières, et, là aussi, Racine joue d'une gamme de nuances.

Pyrrhus utilise alternativement la menace directe et l'allusion, qui peut, par ses sous-entendus, être plus effrayante encore. Pour percevoir ces nuances, il n'est que de comparer deux vers de ce personnage où l'on retrouve la même expression de base, le même mot (« songez »), et de voir leur différence de tonalité.

Pyrrhus commence ainsi :

« Songez-y bien : il faut désormais que mon cœur,
S'il n'aime avec transport, haïsse avec fureur » (v. 367-368).

Les « r » et les « s » marquent, par leur entrechoquement, la tension du personnage et du propos.

Et il dit un peu plus loin :

« Madame, en l'embrassant, songez à le sauver » (v. 384).

Cette fois, le vers est plus lent, les accents y portent sur des voyelles qui se trouvent situées symétriquement par rapport à la césure (Madame, embrassant, songez, sauver), et les sonorités qui retiennent l'attention sont des voyelles, par l'effet de répétition du son « a » (Madame, embrassant, à le sauver). Pyrrhus a repris le ton de la politesse mondaine, mais le « Madame » en début de vers résonne, par les sous-entendus transparents qui suivent, non pas comme un signe de déférence, mais bien comme une mise en garde.

Dire la folie

À côté de moments où le ton est ainsi contenu, où le travail de Racine sur l'alexandrin consiste à jouer des nuances, il en est quelques autres, à la fin de la pièce, où le même vers lui sert pour représenter la rage et le délire. Ceux-là sont plus immédiatement perceptibles, plus faciles à repérer et à analyser.

Tels sont les vers où Hermione manifeste son égarement, au tout début du cinquième acte :

« Où suis-je ? Qu'ai-je fait ? Que dois-je faire encore ? » (v. 1393). La figure de style des questions oratoires s'accompagne de répétitions sonores (« q », « j ») qui scandent le propos et marquent l'extrême angoisse du personnage.

Tels sont encore, à la fin du même acte V, les vers où Oreste dit sa folie :

« Eh bien ! filles d'enfer, vos mains sont-elles prêtes ?
Pour qui sont ces serpents qui sifflent sur vos têtes ?
À qui destinez-vous l'appareil qui vous suit ? »(v. 1637 à 1639).

Ici, la répétition des mêmes sonorités a, à la fois, un effet d'insistance et un effet d'harmonie imitative (allitérations en « s » et « f », qui évoquent le sifflement des serpents).

À partir de ces quelques exemples, chacun au cours de ses lectures pourra relever et analyser bien d'autres cas. L'idée clef qui se dessine est que, sous l'apparente régularité un peu solennelle de la versification « classique », le style racinien repose sur l'art de jouer des contrastes ainsi que de la variété des effets mélodiques dans le détail, pour enrichir les significations de ses œuvres.

Permanence et évolution d'un mythe

La guerre de Troie, le retour des héros et le mythe des Atrides ont fourni la matière à des quantités de pièces, principalement des tragédies, depuis l'Antiquité. Toute cette matière sera encore source de création littéraire : la culture vit ainsi, en réorganisant, revivifiant de vieux mythes. En effet, ceux-ci donnent à chaque société, à chaque époque, des images et des symboles pour exprimer sa façon de percevoir le monde, les problèmes qu'elle y rencontre, les angoisses et les espoirs qu'elle nourrit en lui.

La dispute entre Agamemnon et Achille

Cette querelle, qui fait le début de *L'Iliade*, est à rapprocher de la rivalité qui oppose, dans *Andromaque*, Oreste (fils d'Agamemnon) et Pyrrhus (fils d'Achille). On voit aussi dans ce texte comment l'épopée fait directement intervenir les dieux (Héra est l'épouse de Zeus ; Pallas Athéna, une fille de Zeus). Il marque fortement l'importance des ancêtres dans les mentalités antiques : Achille, fils de Pélée, est appelé « Péléide », Agamemnon, « Atride », etc. (Achéens et Danaens sont des noms archaïques des Grecs, Achaïe, de la Grèce).

« **Achille.** — Ah ! vraiment, cœur bardé d'impudence, âpre au gain, comment un Achéen pourrait-il t'obéir volontiers, que ce soit pour marcher ou combattre ? Car enfin, si je suis venu lutter ici, moi du moins, ce n'est pas par haine des Troyens. Que m'ont-ils fait, à moi ? Jamais ils n'ont ravi mes bœufs ni mes chevaux ; jamais on ne les vit saccager les moissons dans [mon] pays fertile et riche. La distance qui nous sépare est bien trop grande : entre nous, tous ces monts ombreux, la mer sonore ! C'est toi que j'ai suivi, toi, le plus impudent des hommes, pour te plaire, afin que Ménélas et toi, face de chien, vous puissiez des Troyens tirer votre vengeance ! Mais combien tu t'en moques ! Tu viens me menacer de confisquer le lot que m'ont attribué les fils de l'Achaïe pour prix de tant d'efforts. Pourtant ma part jamais n'est égale à la tienne, lorsque les Danaens mettent à sac un bourg opulent des Troyens. Du combat bondissant presque tout le fardeau retombe sur mes bras, mais, quand vient le partage, alors c'est toi qui prends le plus splendide lot ; il est petit, celui que vers mes nefs j'emporte, après avoir assez peiné dans la bataille, et j'y tiens d'autant plus ! Mais cette fois, je vais repartir […], car il vaut beaucoup mieux que je rentre chez moi sur mes nefs recourbées ; il n'est pas de mon goût de demeurer ici, privé de tout honneur, lorsque pour toi j'amasse abondance et richesse !

Le chef de peuple Agamemnon réplique alors :

Agamemnon. — Fuis, si le cœur t'en dit ! Ce n'est certes pas moi qui vais te supplier de rester pour me plaire. D'autres, assez nombreux, soutiendront mon honneur, d'abord le prudent Zeus. Toi, parmi tous les rois divins, je te déteste. Ce qui te plaît le mieux, c'est toujours la querelle et la lutte et la guerre. Immense est ta vigueur, mais tu la tiens d'un Dieu. Remmène donc chez toi tes nefs et tes guerriers, commande aux Myrmidons ! Moi, je me moque bien de toi, de ta colère ! Écoute ma menace. Si Phœbos Apollon m'enlève Chryséis (et je vais l'envoyer avec mes compagnons sur un navire à moi), moi-même alors j'irai jusqu'à ton campement, pour te prendre ta part, la belle Briséis. Ainsi tu comprendras combien je te domine, et les autres craindront de me traiter dans leurs propos comme un égal et de me tenir tête.

Il dit. Le Péléide à ces mots s'assombrit. Son cœur reste indécis en sa mâle poitrine : va-t-il saisir le glaive aigu qu'il porte au flanc et, chassant les Argiens, tuer le fils d'Atrée ? ou bien se contenir et calmer sa colère ? Tandis qu'en son esprit il roule ces pensées et déjà du fourreau tire sa grande lame, Athéna vient à lui des profondeurs du ciel. C'est Héra qui l'envoie, la déesse aux bras blancs, qui veille avec amour sur l'un et l'autre chef. Debout derrière Achille elle saisit les blonds cheveux du Péléide ; visible pour lui seul, elle échappe aux regards de tous les autres hommes. Achille, stupéfait, se retourne ; aussitôt il reconnaît Pallas, la divine Athéna. Ses yeux brillent, terribles. Regardant la déesse, il dit ces mots ailés :

Achille. — Fille de Zeus, […] que fais-tu ? Viens-tu pour contempler l'insolence du fils d'Atrée, Agamemnon ? Mais je vais t'annoncer ce qui s'accomplira : sa vanité bientôt lui coûtera la vie.

La déesse aux yeux pers, Athéna, lui répond :

Athéna. — Du haut du ciel j'accours pour te persuader de calmer ta fureur. C'est Héra qui m'envoie, la déesse aux bras blancs, qui veille avec amour sur toi comme sur lui. Finis cette querelle, allons ! et que ton bras ne tire pas l'épée. Ne te sers que de mots : abreuve-le d'injures. »

Homère, L'Iliade (chant I), IXe siècle av. J.-C.,
traduction de R. Flacelière, Bibliothèque de la Pléiade,
Gallimard, 1955.

L'attaque d'Hector contre la flotte grecque

Un exploit d'Hector, qui faillit donner la victoire aux Troyens... Cette fois, c'est le dieu du Soleil, Phœbos (Phébus) Apollon, qui intervient : il soutient les Troyens.

Les séries de noms propres qui se succèdent au début du texte montrent, elles aussi, l'importance des lignages (listes des ancêtres) ; elles produisent, en outre, une impression de foule : les héros sont nombreux dans l'un et l'autre camp.

« Lors, la mêlée en maint endroit s'éparpillant, chaque homme tue un homme. Hector maîtrise Arcésilas et Stichios : celui-là, chef des Béotiens bardés de bronze ; l'autre, fidèle ami du brave Ménesthée. Énée abat, de son côté, Jase et Médon : Médon est un bâtard du divin Oïlée et le frère d'Ajax ; il résidait à Phylacé, loin de chez lui, car il avait commis un meurtre sur un homme, sur un frère de sa marâtre Ériopis, la femme d'Oïlée, — Jase est un chef des Athéniens ; on le dit fils du Boucolide Sphèle. Polydamas abat, pour sa part, Mécistée, alors que Politès tue Échios au premier rang de la mêlée. Le divin Agénor égorge Clonios. Pâris voit Déiochos s'enfuir entre les lignes : il l'atteint dans le dos, au-dessous de l'épaule, et lui pousse à travers le corps l'arme de bronze. Tandis que les Troyens dépouillent les cadavres, les Argiens vont buter contre la palissade et le creux du fossé. Lors, fuyant en tous sens, ils se voient obligés de repasser le mur. Hector crie aux Troyens, qu'il appelle à voix forte :

Hector. — Vers les nefs, en avant ! Hâtez-vous, et laissez les dépouilles sanglantes. Celui que je verrai rester loin des vaisseaux recevra de mes mains, sur place, le trépas, et, quand il sera mort, parentes et parents ne lui donneront pas les honneurs du bûcher : devant notre cité les chiens le traîneront.

Hector, après ces mots, élève son fouet au-dessus de l'épaule et fait bondir son char, puis, à travers les rangs, va presser les Troyens. Tous, avec lui, les uns et les autres s'appelant, au milieu d'un fracas immense, de leurs chars poussent les attelages. Et devant eux, Phœbos Apollon, sans effort, abat avec le pied le rebord du talus ; il le bascule en plein dans le fossé profond, formant une chaussée, un large et long chemin, qui s'étend aussi loin que porte un javelot lancé par un héros pour mesurer sa force. Par bataillons entiers les Troyens s'y répandent. Apollon devant eux brandit l'égide sainte [le bouclier invisible de Zeus]. Puis, sans le moindre effort, il renverse d'un coup le mur des Achéens. Comme, au bord de la mer, sur la grève, un enfant, après avoir, par jeu, fait des châteaux de sable, du pied ou de la main s'amuse à les détruire. »

L'Iliade (chant XV), édition déjà citée.

La victoire d'Achille sur Hector

Le plus grand duel épique dans l'histoire de la guerre de Troie : les deux héros s'affrontent au pied des remparts, devant les deux armées, en combat singulier. Hector a d'abord éprouvé de la frayeur en se trouvant face à face avec Achille ; puis il l'affronte.

« Marchant l'un contre l'autre, ils s'abordent bientôt. Alors le grand Hector au casque étincelant prend la parole et dit :

Hector. — Je ne veux plus te fuir, c'est fini, Péléide. De la grande cité de Priam, en courant, trois fois j'ai fait le tour, mais voici que mon cœur me pousse à t'affronter. Je vais ou te tuer ou moi-même périr. Mais allons ! invoquons les dieux comme témoins : ils seront les meilleurs garants de nos accords. Si c'est à moi que Zeus destine la victoire et si tu perds la vie, on ne me verra pas infliger à ton corps de monstrueux outrages : je te dépouillerai de tes illustres armes, Achille, et te rendrai sans tarder aux Argiens. Agis donc, toi, de même.

Achille aux pieds légers lui jette un regard sombre et lui dit en réponse :

Achille. — Hector, cesse, maudit, de me parler d'accords. Entre hommes et lions nulle entente loyale, entre brebis et loups nuls sentiments communs ; ils trament sans répit la mort les uns des autres ; de même entre nous deux il n'est pas d'amitié ni de serment possible, avant que l'un de nous ne tombe, et, de son sang, ne rassasie Arès [dieu de la Guerre et de la Lutte], l'indomptable guerrier. C'est le moment de rappeler tout ton courage et de te montrer ferme et hardi combattant.

Pour toi, plus de refuge : sous ma lance Athéna te va bientôt courber, et tu vas d'un seul coup payer tous les chagrins que tu m'as infligés en tuant mes amis de ta pique fougueuse.

Il dit et, brandissant sa longue javeline, il la lance en avant. Mais le brillant Hector l'aperçoit et l'évite : il voit le coup, se baisse, et la pique d'airain vole au-dessus de lui, le dépasse et, plus loin, se fiche dans la terre. Lors Pallas Athéna la saisit aussitôt et va la replacer entre les mains d'Achille, mais à l'insu d'Hector. Ce pasteur d'hommes dit au parfait Péléide :

Hector. — Tu m'as manqué : Zeus donc, Achille égal aux dieux, ne t'a point révélé l'heure de mon trépas. Tu le disais pourtant ! Tu n'es qu'un beau parleur, un artiste en mensonges, et tu voulais me faire oublier ma vaillance. Mais je ne fuirai point, et ce n'est pas mon dos que percera ta pique : je marche droit sur toi, tu n'as qu'à le pousser en plein dans ma poitrine, si les dieux le permettent. Mais d'abord, à son tour, essaye d'éviter mon javelot de bronze. Puisses-tu l'emporter dans ta chair tout entier ! Ta mort rendrait la guerre aux Troyens moins pesante : c'est toi leur grand fléau.

Il dit et, brandissant sa longue javeline, il la lance en avant. Il ne le manque pas, il frappe en son milieu le bouclier d'Achille. Mais aussitôt l'écu rejette au loin la lance. Hector voit, irrité, que sa main vainement a fait partir le coup. Il s'arrête, déçu, n'ayant plus pour lutter d'autre pique de frêne. Il appelle d'un cri le preux à l'écu blanc, Déïphobe : il demande une solide lance, mais l'autre n'est plus là. Dans son âme à l'instant Hector comprend et dit :

Hector. — Malheur ! les dieux, je vois, m'appellent à la mort. Je croyais bien avoir près de moi Déïphobe. Mais il est dans nos murs, Athéna m'a joué. À mes côtés je n'ai que le cruel trépas. Contre lui, nul refuge. Tel est, à mon égard, depuis longtemps sans doute, le bon plaisir de Zeus et de son fils l'Archer, eux qui me protégeaient si volontiers naguère ! Me voici maintenant prisonnier du Destin. Non, je ne mourrai pas sans lutte ni sans gloire, ni sans un grand exploit dont le récit parvienne à la postérité.

Il dit, tire le glaive acéré, grand et fort, à son flanc suspendu, puis, s'étant ramassé sur lui-même, il s'élance. Tel l'aigle de haut vol qui fonce vers la plaine à travers une sombre épaisseur de nuages et qui veut s'emparer d'un agneau délicat ou d'un timide lièvre : ainsi bondit Hector en levant son épée.

Achille aussi se rue, et son âme s'emplit d'une sauvage ardeur. Son bouclier splendide aux multiples décors lui couvre la poitrine, tandis que sur sa tête oscille son beau casque à quadruples bossettes, où l'on voit voltiger les crins d'or éclatants qu'Héphaestos [dieu du Feu] a fait pendre, en masse, du cimier.

Comme, au cœur de la nuit, s'avance la clarté de l'étoile du soir — c'est dans le firmament la plus belle de toutes : ainsi scintille alors l'épieu pointu qu'Achille en sa droite brandit. Plein de haine en son cœur pour le divin Hector, il cherche du regard sur son beau corps le point où le plus aisément pénétrera le coup. Le preux est tout entier couvert des belles armes, de ces armes d'airain dont il a dépouillé, dès qu'il l'eut fait périr, le robuste Patrocle ; il n'est qu'un seul endroit où la chair est visible, juste à la clavicule où la gorge et le cou s'attachent aux épaules, et c'est par là que vient la mort la plus rapide. C'est là précisément que le divin Achille contre Hector plein d'ardeur pousse sa javeline. La pointe alors tout droit perce la tendre gorge. Pourtant le javelot de bronze lourd n'a pas traversé la trachée : Hector pourra répondre et dire quelques mots. Dans la poussière il tombe, et le divin Achille exulte, triomphant :

Achille. — Hector, pensais-tu donc, en dépouillant Patrocle, qu'il ne t'en cuirait pas ? Tu n'avais nul souci de moi, dans ta folie, parce que j'étais loin ! Mais un vengeur était resté près des nefs creuses, à l'écart, en arrière, et c'était moi, qui viens de rompre tes genoux. Les oiseaux et les chiens vont outrager ton corps et le mettre en lambeaux, tandis que les Argiens à Patrocle rendront les funèbres honneurs.

D'une voix défaillante Hector, le preux au casque étincelant, répond :

Hector. — Ah ! Par ta vie et tes genoux et tes parents, j'implore ta pitié. Non, ne me laisse pas dévorer par les chiens près des nefs achéennes. Accepte tout le bronze et l'or et les présents que t'offriront mon père et mon auguste mère : laisse-les ramener à la maison mon corps, que livreront au feu les Troyens et leurs femmes.

Achille aux pieds légers lui jette un regard sombre et lui dit en réponse :

Achille. — Chien ! cesse d'invoquer mes genoux, mes parents. Tu m'as fait tant de mal ! Aussi vrai que mon cœur, dans sa rage, me pousse à manger par lambeaux, moi-même, ta chair crue, personne de ton front n'écartera les chiens. L'on pourrait m'apporter ici et me peser une rançon dix fois ou vingt fois supérieure et m'en promettre encore, — Priam le Dardanide aurait beau m'envoyer un poids d'or égalant celui de ton cadavre : non, même ainsi, ta mère auguste ne pourra t'étendre sur un lit afin de te pleurer, toi qu'elle a mis au monde. Les chiens et les oiseaux dévoreront ton corps et n'en laisseront rien.

Au moment d'expirer, Hector, le preux au casque étincelant, répond :

Hector. — Ah ! je te connais bien, il suffit de te voir. Certes, je ne pouvais espérer te convaincre, car c'est un cœur de fer qui loge en ta poitrine. Mais prends garde qu'un jour je n'attire sur toi la colère des dieux : à ce moment Pâris et Phœbos Apollon, si vaillant que tu sois, te donneront la mort devant la porte Scée.

Il dit, et c'est la fin : le trépas l'enveloppe. Son âme, abandonnant ses membres, prend son vol et descend chez Hadès [dieu des Enfers], déplorant son destin, quittant jeunesse et force. Ce preux est déjà mort, quand Achille lui dit :

Achille. — Meurs ! Quant à mon trépas, moi, je le recevrai lorsque Zeus et les dieux voudront que je périsse.

Il dit, et du cadavre il arrache sa pique ; il la pose à l'écart, puis dépouille le mort de ses armes sanglantes.

Les fils des Achéens de toute part accourent. Ils s'approchent d'Hector. Ils admirent sa taille et sa beauté splendide. Et nul d'entre eux n'est là qui ne lui porte un coup. Plusieurs vers leurs voisins se tournent et leur disent :

Les Achéens. — Ah ! comme il est plus doux à palper, cet Hector, que lorsqu'il embrasait d'un feu brûlant nos nefs !

C'est en parlant ainsi qu'ils viennent le frapper. »

L'Iliade (chant XXII), édition déjà citée.

Les hommes face à la volonté des dieux

Le thème de la guerre de Troie fascinait décidément Racine : il l'utilisa à nouveau en 1674 dans *Iphigénie*, qui fit un triomphe. Cette fois, il ne s'agit pas des suites de la guerre, mais de son début, au moment où la flotte se trouve immobilisée. On retrouve le conflit entre Agamemnon et Achille, et le thème de la victime innocente (l'enfant Astyanax dans *Andromaque*, ici la jeune fille Iphigénie) que les adultes veulent sacrifier à des fins politiques et passionnelles. Racine a imaginé qu'Iphigénie (fille d'Agamemnon) avait été promise

en mariage à Achille, pour prix de son alliance.
Agamemnon parle ici avec son confident Arcas.

« **Agamemnon.** — Tu vois mon trouble ; apprends ce qui le cause,
Et juge s'il est temps, ami, que je repose.
Tu te souviens du jour qu'en Aulide assemblés
Nos vaisseaux par les vents semblaient être appelés.
Nous partions ; et déjà par mille cris de joie
Nous menacions de loin les rivages de Troie.
Un prodige étonnant fit taire ce transport :
Le vent qui nous flattait nous laissa dans le port.
Il fallut s'arrêter, et la rame inutile
Fatigua vainement une mer immobile.
Ce miracle inouï me fit tourner les yeux
Vers la divinité qu'on adore en ces lieux.
Suivi de Ménélas, de Nestor et d'Ulysse
J'offris sur ses autels un secret sacrifice.
Quelle fut sa réponse ! et quel devins-je, Arcas,
Quand j'entendis ces mots prononcés par Calchas :
"Vous armez contre Troie une puissance vaine,
Si dans un sacrifice auguste et solennel
        Une fille du sang d'Hélène
De Diane en ces lieux n'ensanglante l'autel.
Pour obtenir les vents que le ciel vous dénie,
        Sacrifiez Iphigénie."
Arcas. — Votre fille !
Agamemnon. — Surpris, comme tu peux penser,
Je sentis dans mon corps tout mon sang se glacer.
Je demeurai sans voix, et n'en repris l'usage
Que par mille sanglots qui se firent passage.
Je condamnai les Dieux, et, sans plus rien ouïr,
Fis vœu sur leurs autels de leur désobéir.
Que n'en croyais-je alors ma tendresse alarmée ?
Je voulais sur-le-champ congédier l'armée.
Ulysse, en apparence approuvant mes discours,
De ce premier torrent laissa passer le cours,
Mais bientôt, rappelant sa cruelle industrie,
Il me représenta l'honneur et la patrie,

Tout ce peuple, ces rois à mes ordres soumis,
Et l'empire d'Asie à la Grèce promis :
De quel front immolant tout l'État à ma fille,
Roi sans gloire, j'irais vieillir dans ma famille.
Moi-même, je l'avoue avec quelque pudeur,
Charmé de mon pouvoir et plein de ma grandeur,
Ces noms de roi des rois et de chef de la Grèce
Chatouillaient de mon cœur l'orgueilleuse faiblesse.
Pour comble de malheur, les Dieux toutes les nuits,
Dès qu'un léger sommeil suspendait mes ennuis,
Vengeant de leurs autels le sanglant privilège,
Me venaient reprocher ma pitié sacrilège !
Et présentant la foudre à mon esprit confus,
Le bras déjà levé, menaçaient mes refus.
Je me rendis, Arcas ; et vaincu par Ulysse,
De ma fille, en pleurant, j'ordonnai le supplice.
Mais des bras d'une mère il fallait l'arracher.
Quel funeste artifice il me fallut chercher !
D'Achille, qui l'aimait, j'empruntai le langage.
J'écrivis en Argos, pour hâter ce voyage,
Que ce guerrier, pressé de partir avec nous,
Voulait revoir ma fille, et partir son époux.
Arcas. — Et ne craignez-vous point l'impatient Achille ?
Avez-vous prétendu que, muet et tranquille,
Ce héros, qu'armera l'amour et la raison,
Vous laisse pour ce meurtre abuser de son nom ?
Verra-t-il à ses yeux son amante immolée ? »

Racine, Iphigénie (acte I, scène 1), 1674.

Lisez la pièce en entier, vous verrez que Racine a inventé une solution inattendue pour éviter cet horrible infanticide !

Oreste, héros de la liberté

Le mythe des Atrides, et le personnage d'Oreste en particulier, a intéressé plusieurs auteurs du XXe siècle. Jean-Paul Sartre en a fait la matière de sa tragédie *Les Mouches* (1943). Il y montre Oreste revenant à Argos après quinze ans d'absence, pour venger le meurtre de son père, et donc pour tuer sa propre mère. On retrouve dans cette œuvre des éléments de la mythologie grecque : les Érinyes sont les « filles d'enfer » dont parle l'Oreste d'*Andromaque* (v. 1637), des déesses du Remords, qui persécutaient les assassins. Mais il est important aussi de voir comment les mythes évoluent au fil du temps. Cela se présente ici sous deux aspects.

D'une part, Sartre mêle des mythes différents, et il en invente. Oreste évoque, dans cet extrait, la légende du « joueur de flûte », qui libéra sa ville des rats qui y avaient apporté la peste ; or cette légende s'est surtout développée dans les cultures de tradition germanique ; et Jean-Paul Sartre pour sa part a imaginé qu'Argos était envahie par des nuées de mouches (d'où le titre de la pièce), qui représentent les crimes impunis.

D'autre part, Sartre change du tout au tout le sens du mythe : Oreste a hésité avant d'accomplir la vengeance, puis il a choisi d'agir, parce que la justice lui paraît être la base de toute liberté. Le peuple d'Argos ne lui en est pas reconnaissant, au contraire. Le libérateur est sacrifié, n'est pas reconnu par ceux qu'il a sauvés : le mythe reprend ici encore toute sa dimension profondément pessimiste. Mais Oreste assume son geste, sans sombrer dans la folie…

Créée en 1943, alors que la France était occupée, cette pièce prenait le sens d'un appel au courage, à la liberté, et donc à la résistance.

Il s'agit ici de la scène finale de la tragédie.

« **Cris dans la foule.** — À mort ! À mort ! Lapidez-le ! Déchirez-le ! À mort !

Oreste, *sans les entendre.* — Le soleil !

La foule. — Sacrilège ! Assassin ! Boucher ! On t'écartèlera. On versera du plomb fondu dans tes blessures.

Une femme. — Je t'arracherai les yeux.

Un homme. — Je te mangerai le foie.

Oreste, *s'est dressé.* — Vous voilà donc, mes sujets très fidèles ! Je suis Oreste, votre roi, le fils d'Agamemnon, et ce jour est le jour de mon couronnement.

La foule gronde, décontenancée.

Vous ne criez plus ? *(La foule se tait.)* Je sais : je vous fais peur. Il y a quinze ans, jour pour jour, un autre meurtrier s'est dressé devant vous, il avait des gants rouges jusqu'au coude, des gants de sang, et vous n'avez pas eu peur de lui car vous avez lu dans ses yeux qu'il était des vôtres et qu'il n'avait pas le courage de ses actes. Un crime que son auteur ne peut supporter, ce n'est plus le crime de personne, n'est-ce-pas ? C'est presque un accident. Vous avez accueilli le criminel comme votre roi, et le vieux crime s'est mis à rôder entre les murs de la ville, en gémissant doucement, comme un chien qui a perdu son maître. Vous me regardez, gens d'Argos, vous avez compris que mon crime est bien à moi ; je le revendique à la face du soleil, il est ma raison de vivre et mon orgueil, vous ne pouvez ni me châtier ni me plaindre, et c'est pourquoi je vous fais peur. Et pourtant, ô mes hommes, je vous aime, et c'est pour vous que j'ai tué. Pour vous. J'étais venu réclamer mon royaume et vous m'avez repoussé parce que je n'étais pas des vôtres. À présent, je suis des vôtres, ô mes sujets, nous sommes liés par le sang, et je mérite d'être votre roi. Vos fautes et vos remords, vos angoisses nocturnes, le crime d'Égisthe, tout est à moi, je prends tout sur moi. Ne craignez plus vos morts, ce sont mes morts. Et voyez : vos mouches fidèles vous ont quittés pour moi. Mais n'ayez crainte, gens d'Argos : je ne m'assiérai pas, tout sanglant, sur le trône de ma victime : un Dieu me l'a offert et j'ai dit non. Je veux être un roi sans terre et sans sujets. Adieu, mes hommes, tentez de vivre : tout est neuf ici, tout est à commencer. Pour moi aussi la vie commence. Une étrange vie. Écoutez encore ceci : un été, Scyros fut infestée par les rats. C'était une horrible lèpre, ils rongeaient tout ; les habitants de la ville crurent en mourir. Mais, un jour, vint un joueur de flûte. Il se dressa au cœur de la ville — comme ceci. *(Il se met debout.)* Il se mit à jouer de la flûte et tous les rats vinrent se presser autour de lui. Puis il se mit en marche à longues enjambées, comme ceci *(il descend du piédestal)* en criant aux gens de Scyros : "Écartez-vous" ! » *(La foule s'écarte).* Et tous les rats dressèrent la tête en hésitant — comme font les mouches. Regardez ! Regardez les mouches ! Et puis tout d'un coup ils se précipitèrent sur ses traces. Et le joueur de flûte avec ses rats disparut pour toujours. Comme ceci. *Il sort ; les Érinyes se jettent en hurlant derrière lui.*

R*ideau* »

Sartre, *Les Mouches* (acte III, scène 6), Gallimard, 1943.

Sources et créations

Les sources : une mosaïque et de l'invention

Au XVIIᵉ siècle, les « grands genres » exigeaient de leurs auteurs l'utilisation de modèles puisés dans les littératures grecques et latines, que l'on enseignait seules à l'époque. C'est ce qu'on appelle l'usage d'imiter les Anciens. Mais imiter ne signifie pas retranscrire ni même transposer de façon étroitement soumise au modèle. Il s'agit plutôt de s'en inspirer et, à partir de là, d'apporter une part d'invention. C'est en ce sens qu'il faut comprendre l'idée de « sources ».

Le rapport avec la sensibilité dominante et avec les usages culturels de la littérature permet de mieux comprendre comment Racine a procédé dans l'élaboration de sa tragédie. Puisqu'il s'agit pour lui de créer une tragédie, l'effet (le *tèlos*) devait être la tristesse (les larmes en sont la manifestation). Mais celle-ci devait toucher à des enjeux politiques. Pour unir ces deux exigences, Racine a organisé la matière que lui donnait le récit mythique (le *mythos*) en la respectant et la transformant à la fois. Pour cela, il combine plusieurs sources, et il les transforme toutes : son imagination va de l'avant en se nourrissant de ces données diverses.

Le mythe et ses transformations

Le mythe principal de référence est l'histoire de la guerre de Troie telle qu'elle est connue depuis *L'Iliade* d'Homère. Cette histoire a circulé aussi dans de nombreuses œuvres de l'Antiquité, en particulier des tragédies grecques comme l'*Andromaque* d'Euripide, et l'épopée latine de Virgile, *L'Énéide*. C'est à *L'Énéide* que Racine fait référence au début de sa préface, et il affirme qu'il a tiré son sujet d'un passage de cette œuvre.

Mais que racontent exactement les sources antiques ?

La guerre de Troie fut, au XIVᵉ siècle avant J.-C., une expédition de conquête organisée par les royaumes grecs coalisés contre la cité de Troie en Asie Mineure, et les vastes territoires qu'elle contrôlait (voir la carte p. 212). Le prétexte de l'expédition avait été fourni par l'enlèvement de la reine Hélène, femme de Ménélas, roi de Sparte, par Pâris, prince troyen. Et les rois grecs avaient obtenu l'alliance d'Achille, roi d'Épire (au nord de la Grèce) et fils d'une déesse, guerrier réputé invincible. Achille a tué Hector, prince de Troie et meilleur guerrier de sa cité. Puis il a été lui-même tué par Pâris, frère d'Hector. Alors les Grecs ont fait appel à Pyrrhus, fils d'Achille ; et c'est lui qui, avec l'aide de la ruse d'Ulysse (épisode célèbre du cheval de Troie), a conquis et détruit la ville. Le fils d'Hector, Astyanax, a été alors jeté du haut des remparts pour que le lignage des rois de Troie soit détruit. En ce temps-là, après une victoire, les vainqueurs se partageaient le butin (les trésors, les prisonniers, réduits en esclavage) en tirant au sort. Le sort voulut que Pyrrhus ait, dans sa part, Andromaque, la veuve d'Hector. Il la ramena dans son royaume et, comme il la trouvait belle, il lui fit un enfant, nommé Molossos. Mais il décida d'épouser Hermione, fille du roi grec Ménélas. Oreste, qui aimait Hermione et devait l'épouser, devint fou de jalousie et tua Pyrrhus. Andromaque, au nom des droits de son fils Molossos, devint régente d'une partie du royaume de Pyrrhus. Voilà en résumé les faits tels que la tradition les léguait à Racine, tels que des éléments contenus dans *L'Iliade* puis dans *L'Énéide* (qui retrace le sort de guerriers troyens survivants) permettaient et permettent de se les représenter. Euripide avait écrit (au Ve siècle avant J.-C.) une *Andromaque*. Le thème central en est qu'Andromaque tremble pour la vie de son fils Molossos, qu'elle a eu de Pyrrhus, et qu'Hermione, jalouse, veut faire mourir.

Racine transforme donc considérablement ses sources. Il fait survivre Astyanax, ce qui enclenche les craintes des Grecs et l'ambassade d'Oreste : il met donc au centre de son action la question du respect des alliances, c'est un effet de la recherche de leçons politiques dans le récit tragique. Mais en même temps, la crainte qu'inspire le destin d'Astyanax augmente les effets pathétiques. De même, la fidélité d'Andromaque au souvenir d'Hector la rend plus noble, et plus touchante. D'autre part, il présente Pyrrhus comme un amoureux respectueux, et non comme le maître impérieux qu'il était : c'est un effet de la galanterie ambiante. Surtout, il montre sur scène moins les discussions politiques que les états d'âme et les sentiments des personnages : il oriente donc sa pièce vers la représentation des mouvements affectifs, des passions et des pulsions.

Les modèles modernes

D'autres sources viennent se joindre aux modèles antiques. Il s'agit cette fois d'œuvres ou de genres modernes.

Racine s'est inspiré de la tradition de la pastorale, très présente en Italie, en Espagne et en France aux XVIᵉ et XVIIᵉ siècles. Il y a trouvé la chaîne des amours non partagées (voir p. 163). À cet égard, il est parti de sa propre source puisque sa pièce précédente, *Alexandre le Grand*, se fondait sur une intrigue où il y avait ainsi une « chaîne » d'amours à la manière des pastorales : le roi Taxile aime la reine Axiane, qui aime le roi Porus ; mais dans *Alexandre*, le mariage d'Axiane et de Porus finit par se faire. *Andromaque* est donc plus tragique.

Le modèle pastoral correspond à la part galante de la tragédie. La présence de celui-ci se traduit aussi par de multiples expressions « galantes » dans le langage amoureux ; certaines sont reprises de divers textes, qu'il serait trop long de répertorier.

Mais Racine a aussi pu trouver l'idée d'une intrigue où un roi menace sa captive, dont il est amoureux, dans deux pièces écrites par des auteurs qui étaient ses contemporains : *Hercule mourant* de Rotrou, et *Pertharite* de Corneille. Dans les deux cas, le dénouement est différent de celui d'*Andromaque* ; mais la situation de base présente des similitudes.

Sources antiques et modèles modernes : on peut dire que le travail de création de Racine se fait un peu comme celui d'une mosaïque. Mais il se fait aussi par innovation.

L'innovation

Racine invente pour adapter mythes et légendes au goût de ses contemporains. Certains critiques de l'époque le lui ont reproché (voir sa première préface p. 37). C'est ainsi qu'il introduit nombre de revirements et de coups de théâtre, qu'aucune de ses sources n'indiquait : voir notamment les effets de suspens entre les actes III et IV. C'est que Racine compose en vrai professionnel de l'écriture théâtrale et tient compte de ce qui permet des effets scéniques et garde les spectateurs en haleine.

Il s'adapte aussi aux façons de penser de ses contemporains en soulignant le rôle des actions politiques, en montrant un ambassadeur en action, et comment cette ambassade est pervertie (voir p. 51) ; en mettant en scène aussi les rituels de la vie politique et de la réception d'une ambassade. On pourra, pour en prendre une idée plus précise, suivre les occurrences du mot « dessein » (projet, mais aussi calcul, manœuvre), extrêmement fréquent dans la pièce.

À côté de ces rituels officiels, il montre aussi des rituels symboliques (attitudes de supplication) et surtout les rituels de la mondanité, de la galanterie, rituels verbaux derrière lesquels se dissimulent des rapports de force extrêmement tendus. Or, toute la vie de Cour, et celle de la « bonne société » en général, au XVIIᵉ siècle, était faite de gestes très ritualisés. Racine faisait ainsi sentir la fragilité, ou le mensonge, de ces façons de faire. Cela constitue une source d'innovation, sociale, celle-là, de son œuvre.

Aujourd'hui encore, quoique sur d'autres modes, toute vie en société est tissée de rituels petits et grands. Une telle tragédie incite toujours à découvrir quels rapports de forces ils dissimulent ou essayent de réglementer. L'innovation racinienne contribue donc à l'intérêt du spectateur et à la modernité toujours efficiente de sa pièce.

Une variante importante

Le texte reproduit dans cette édition est celui que Racine a publié en 1697, dans la dernière édition de ses *Œuvres complètes* faite de son vivant. Mais entre 1667, date de création de la pièce, et 1697, *Andromaque* n'a pas cessé d'être jouée et rééditée. Racine y a apporté des petites retouches, des variantes. La plupart sont minimes ; aussi ne sont-elles pas reproduites ici. Mais l'une d'entre elles est importante, par sa longueur, et par les différences qu'elle crée pour les jeux de scène, la psychologie donnée aux personnages et l'impression produite sur le spectateur : impression décisive, car il s'agit du dénouement !

Dans l'édition de 1668, la scène 3 de l'acte V se présentait ainsi :

SCÈNE 3.

ORESTE, ANDROMAQUE, HERMIONE, CÉPHISE, SOLDATS D'ORESTE.

« **Oreste.** — Madame, c'en est fait, partons en diligence,
Venez dans mes vaisseaux goûter votre vengeance.
Voyez cette captive : elle peut mieux que moi
Vous apprendre qu'Oreste a dégagé sa foi.

Hermione. — Ô Dieu ! c'est Andromaque !

Andromaque. — Oui, c'est cette princesse
Deux fois veuve, et deux fois l'esclave de la Grèce,
Mais qui jusque dans Sparte ira vous braver tous,
Puisqu'elle voit son fils à couvert de vos coups.
Du crime de Pyrrhus complice manifeste,
J'attends son châtiment. Car je vois bien qu'Oreste,
Engagé par votre ordre à cet assassinat,
Vient de ce triste exploit vous céder tout l'éclat.
Je ne m'attendais pas que le ciel en colère
Pût, sans perdre mon fils, accroître ma misère,
Et gardât à mes yeux quelque spectacle encor
Qui fît couler mes pleurs pour un autre qu'Hector.
Vous avez trouvé seule une sanglante voie
De suspendre en mon cœur le souvenir de Troie.
Plus barbare aujourd'hui qu'Achille et que son fils,
Vous me faites pleurer mes plus grands ennemis ;
Et, ce que n'avaient pu promesse ni menace,
Pyrrhus de mon Hector semble avoir pris la place.
Je n'ai que trop, Madame, éprouvé son courroux :
J'aurais plus de sujet de m'en plaindre que vous.
Pour dernière rigueur ton amitié cruelle,
Pyrrhus, à mon époux me rendit infidèle.
Je t'en allais punir. Mais le ciel m'est témoin

186

Que je ne poussais pas ma vengeance si loin ;
Et sans verser ton sang ni causer tant d'alarmes,
Il ne t'en eût coûté peut-être que des larmes.
Hermione. — Quoi ? Pyrrhus est donc mort ?
Oreste. — Oui, nos Grecs irrités... »

L'édition de 1668 portait entre le vers 1520 et le vers 1524 :

« Le Troyen est sauvé. Mais partons, le temps presse ;
L'Épire tôt ou tard satisfera la Grèce.
Cependant j'ai voulu qu'Andromaque aujourd'hui
Honorât mon triomphe et répondît de lui.
Du peuple épouvanté la foule fugitive
M'a laissé sans obstacle enlever ma captive,
Et regagner ces lieux, où bientôt nos amis... »

L'édition de 1673 supprime ces deux passages ; mais le nom d'Andromaque figure encore dans la liste des personnages de cette scène.
Le vers 1532 fut modifié en 1676. Dans l'édition de 1668, on pouvait lire :

« D'une mort, que les grecs n'ont fait qu'exécuter. »

Dans l'édition de 1668, Hermione ajoutait, à l'attention d'Andromaque (à la suite du vers 1564) :

« Allons, Madame, allons. C'est moi qui vous délivre.
Pyrrhus ainsi l'ordonne, et vous pouvez me suivre.
De nos derniers devoirs allons nous dégager.
Montrons qui de nous deux saura mieux le venger. »

Les différences entre les deux états du texte sont considérables ! En premier lieu, on constate que le texte initial était plus long, et donnait au rôle d'Andromaque une scène de plus, alors que, dans la version définitive, elle n'apparaît plus dans l'acte V. On voit aussi que, dans cette première version, Andromaque exprime de l'attachement pour Pyrrhus :

« Et, ce que n'avaient pu promesse ni menace,
Pyrrhus de mon Hector semble avoir pris la place. »

Cela modifie assez fortement les sentiments de haine, et les paroles de reproches et de refus, qu'elle a prodigués à Pyrrhus pendant tout le reste de la pièce. Par ailleurs, le rôle d'Hermione aussi apparaissait assez différent : elle délivrait Andromaque et l'incitait à contribuer, comme elle, à venger Pyrrhus.

Qu'est-ce qui conduit Racine à placer là cette scène, dans la première composition de sa tragédie ? Deux raisons, où l'on retrouve à la fois son respect des « lois » du genre tragique et son attrait pour les scènes de galanterie :

– respect des lois du genre : les théoriciens (les « savants ») disaient qu'il fallait qu'au dénouement le spectateur sache ce qu'il advenait de chacun des personnages, et que le meilleur pour cela, si le personnage n'était pas déjà mort, était qu'il vînt sur scène dire quel était son sort ; ainsi Racine faisait revenir Andromaque pour montrer au spectateur ce qu'elle allait devenir ;

– souci du registre galant : les larmes supplémentaires d'Andromaque la rendaient plus pathétique, et Hermione, en la délivrant, montrait de la grandeur, de la noblesse d'âme ; cela pouvait plaire aux aristocrates.

Mais cette première version du dénouement avait deux inconvénients :

– un inconvénient psychologique, car la scène donnait à penser qu'Andromaque aurait pu aimer Pyrrhus, ce qui était ambigu, et, surtout, elle montrait une Hermione qui, au milieu de ses « fureurs », reprenait un instant son calme et cessait d'être jalouse d'Andromaque ;

– un inconvénient formel : dans sa première version, le dénouement était plus long, plus lent, moins « frappant ».

Cette variante révèle donc des aspects importants du travail de Racine : il a soin de chercher à bien s'adapter aux goûts du public, et il ne cesse de revoir ses textes, de les ajuster mieux, de les travailler plus en détail... Racine, ou le souci de la rigueur et de la qualité.

Le personnage d'Hermione *dans Andromaque. Illustration d'Edmond Geffroy (1804-1895). Bibliothèque de l'Arsenal (fonds Rondel), Paris.,*

La réception

Dès sa création, *Andromaque* a été à la fois un très grand succès et l'objet de polémiques. En particulier, la troupe de Molière monta une comédie d'un auteur nommé Subligny (1636-1696), intitulée *La Folle Querelle* : elle critiquait et parodiait la tragédie de Racine.

Par la suite, les diverses pièces de Racine, et l'ensemble de son œuvre, ont été très admirées, mais souvent matière à débats. La comparaison entre Racine et Corneille est au centre de la querelle des Anciens et des Modernes, qui agite la fin du XVIIᵉ siècle. Au début du XIXᵉ siècle, on compare Racine à Shakespeare, que les romantiques préfèrent... Et de nos jours, alors qu'il est reconnu comme le « classique par excellence », il y a eu une « querelle de la nouvelle critique » à son propos, sur la façon d'interpréter ses créations. Racine est donc un des « points sensibles » de la culture française ! On trouvera ici quelques échantillons de ces diverses prises de position...

Les premières représentations

« [Le 17 novembre] Leurs Majestés eurent le divertissement d'une fort belle tragédie [*Andromaque*], par la Troupe Royale, en l'appartement de la Reine, où étaient quantité de seigneurs et de dames de la Cour. »
Gazette de France, 19 novembre 1667.

« J'ai vu la pièce, toute neuve,
D'Andromaque, d'Hector la veuve,
Qui, maint siècle après son trépas,
Se remontre, pleine d'appâts,
Sous le visage d'une actrice,
Des humains grande tentatrice,
Et qui, dans un deuil très pompeux,

Racine faisant la lecture à Louis XIV. *Gravure de Charon (né en 1783) d'après Bouchot. B.N. Paris.*
Cette représentation idéalise les relations de Racine et du roi. À l'époque, en effet, l'usage du fauteuil était réservé au souverain. Lorsque Racine faisait la lecture à Louis XIV, il était sans doute debout ou sur un tabouret, et le roi, couché sur son lit.

Par sa voix, son geste et ses yeux,
Remplit, j'en donne ma parole,
Admirablement bien son rôle.
C'est Mademoiselle Du Parc,
Par qui le petit dieu Porte-Arc,
Qui lui sert de fidèle escorte,
Fait des siennes d'étrange sorte.
Pyrrhus la retient dans sa cour
Captive de guerre et d'amour…
Et ce Prince, qui la veuve aime,
Sans qu'il en soit aimé de même,
Est en relief représenté
Par cet acteur si fort vanté,
Qui souffre peu de parallèle,
Et lequel Floridor s'appelle.
Oreste, pire qu'un Fairfax,
Vient demander Astyanax…
Et cet Oreste frénétique,
Là personnage épisodique,
Est figuré par Montfleuri,
Qui fait mieux que feu Mondori.
D'autre part, certaine Hermione,
Autre épisodique personne,
Se trouve en la cour de Pyrrhus,
Qu'elle aime jusques aux rebus ; …
[Résumé de l'intrigue]
Ainsi Pyrrhus est mis à mort
Par l'ordre de cette Hermione,
Qu'on voit agir en la personne
De l'excellente Des Œillets…
La catastrophe, la voici.
Pyrrhus étant occis ainsi,
Oreste, pensant qu'Hermione
Pour digne prix elle se donne,
N'en reçoit rien que des gros mots ; …
Et lors, Oreste, furieux,
Attaquant la terre et les cieux,
Fait ce qu'on voit dans *Marianne*,

Que fait cet Hérode profane,
Après qu'il a fait sans pitié
Périr son illustre moitié
En un mot la pièce est jouée
(C'est chose de tous avouée),
Certes, à charmer le spectateur,
Ainsi que son heureux auteur,
Bien glorieux, on peut le dire,
D'avoir pu ce poème produire ;
Car, sans le flatter nullement
On ne peut voir assurément,
Ou du moins, je me l'imagine,
De plus beaux fruits d'une *Racine*... »

Robinet, *Lettre en vers à Madame*, 26 novembre 1667.

Une tragédie qui tue ses acteurs ?

L'acteur Montfleury, qui jouait le rôle d'Oreste, mettait un tel emportement à interpréter la scène de la folie finale qu'au bout de quelques représentations il fut frappé d'une attaque d'apoplexie pendant le spectacle, et en mourut. Cela fit, on s'en doute, du bruit dans Paris… Et une publicité inattendue pour la pièce, dont le succès grandit encore.

« [Mort de] Montfleury
Qui, d'une façon sans égale,
Jouait dans la Troupe Royale,
Non les rôles tendres et doux,
Mais de transport et de courroux,
Et lequel a, jouant Oreste,
Hélas ! joué de tout son reste.
Ô rôle tragique et mortel,
Combien tu fais perdre à l'Hôtel
En cet acteur inimitable !
C'est une perte irréparable… »

Robinet, *Lettre en vers à Madame*, 17 décembre 1667.

Un écrivain contemporain imagine même les réflexions de Montfleury après sa mort. Il parle ici avec divers auteurs.

« J'ai usé tous mes poumons dans ces violents mouvements de jalousie, d'amour et d'ambition… Qui voudra donc savoir de quoi je suis mort, qu'il ne demande point si c'est de la fièvre, de l'hydropisie ou de la goutte, mais qu'il sache que c'est d'*Andromaque*… Mais ce qui me fait le plus de dépit, c'est qu'*Andromaque* va devenir plus célèbre par la circonstance de ma mort, et que désormais, il n'y aura plus de poète qui ne veuille avoir l'honneur de crever un comédien en sa vie… »

Gabriel Guéret, *Le Parnasse réformé*, 1668.

Polémiques et critiques au XVIIe siècle

Quand la troupe de Molière joua la comédie qui parodiait *Andromaque, La Folle Querelle*, son auteur, Subligny, publia cette pièce avec une préface où il détaillait ses critiques contre Racine. Et où il le comparait à Corneille.
Le succès allait donc de pair avec des polémiques, et Racine ne faisait pas l'unanimité.

« Ce n'est pas qu'en critiquant l'*Andromaque*, je me sois imaginé faire une chose qui dût m'obliger à me cacher ; c'est une petite guerre d'esprit qui, bien loin d'ôter la réputation à quelqu'un, peut servir un jour à la lui rendre plus solide, et il serait à souhaiter que la mode en vînt pour défendre les auteurs de la fureur des applaudissements, qui souvent, à force de leur persuader malgré eux qu'ils ont atteint la perfection dans un ouvrage, les empêchent d'y parvenir par un autre qu'ils s'efforceraient de faire avec plus de soin. Je fus charmé à la première représentation de l'*Andromaque* ; ses beautés firent sur mon esprit ce qu'elles firent sur ceux de tous les autres, et si je l'ose dire, j'adorai le beau génie de son auteur sans connaître son visage… Mais lorsque j'appris, par la suite du temps, qu'on voulait borner sa gloire à avoir fait l'*Andromaque*, et qu'on disait qu'il l'avait écrite avec tant de régularité et de justesse, qu'il fallait qu'il travaillât toujours de même pour être le premier homme du monde, il est vrai que je ne fus pas de ce sentiment. Je dis qu'on lui faisait tort, et qu'il serait capable d'en faire de meilleures… La France a intérêt de ne point arrêter au milieu de sa carrière un homme qui promet visiblement de lui faire beaucoup d'honneur. Elle devrait le laisser arriver à ce point de pureté de langue et de conduite du théâtre qu'il sait bien lui-même qu'il n'a pas encore atteint : car, autrement, il se trouverait qu'au lieu d'avoir déjà surpassé le vieux

Corneille, il demeurerait toute sa vie au-dessous… Il y a dans l'*Andromaque* un nombre infini de ces petits péchés véniels… J'en ai compté jusqu'à près de trois cents. À cela près l'auteur d'*Andromaque* n'en est pas moins en passe d'aller un jour plus loin que tous ceux qui l'ont précédé, et s'il avait observé dans la conduite de son sujet de certaines bienséances qui n'y sont pas, s'il n'avait pas fait toutes les fautes qui y sont contre le bon sens, je l'aurais déjà égalé sans marchander à notre grand Corneille. Mais il faut avouer que si M. Corneille avait eu à traiter un sujet qui était de lui-même si heureux, il n'aurait pas fait venir Oreste en Épire comme un simple ambassadeur… Il aurait fait traiter Pylade en roi à la cour de Pyrrhus… ; il aurait introduit Oreste, le traitant d'égal, sans nous vouloir faire accroire qu'autrefois le plus grand prince tutoyait le plus petit… Ce n'est pas les cérémonies des anciens rois qu'il faut retenir dans la tragédie, mais leur génie et leurs sentiments, dans lesquels M. Corneille a si bien entré qu'il en a mérité une louange immortelle, et qu'au contraire ce sont ces cérémonies-là qu'il faut accommoder à notre temps, pour ne pas tomber dans le ridicule… M. Corneille, dis-je, aurait rendu Andromaque moins étourdie… Il aurait conservé le caractère violent et farouche de Pyrrhus, sans qu'il cessât d'être honnête homme… et donnant moins d'honneur qu'il ne donne des faiblesses de ce prince, qui sont de pures lâchetés, il aurait empêché le spectateur de désirer qu'Hermione en fût vengée, au lieu de le craindre pour lui. Il aurait ménagé autrement la passion d'Hermione… Voilà ce que je crois que M. Corneille aurait fait, et peut-être qu'il aurait encore fait mieux. Le temps amène toute chose, et comme l'auteur d'*Andromaque* est jeune aussi bien que moi, j'espère qu'un jour je n'admirerai pas moins la conduite de ses ouvrages que j'admire aujourd'hui la noble impétuosité de son génie. »

Subligny, *Préface de la Folle Querelle*, 1668.

« À peine ai-je eu le loisir de jeter les yeux sur *Andromaque* et sur *Attila* ; cependant il me paraît qu'*Andromaque* a bien l'air des belles choses ; il ne s'en faut presque rien qu'il n'y ait du grand. Ceux qui n'entreront pas assez dans les choses l'admireront ; ceux qui veulent des beautés pleines y chercheront je ne sais quoi d'attrayant qui les empêchera d'être tout à fait contents. Vous avez raison de dire que la pièce est déchirée par la mort de Montfleury, car elle a besoin de grands comédiens qui remplissent par l'action ce qui lui manque ;

mais, à tout prendre, c'est une belle pièce, et qui est fort au-dessus du médiocre, quoique un peu au-dessous du grand. »

Saint-Évremond, *Lettre à M. de Lionne*, 1668.

« *Bajazet* est beau ; j'y trouve quelques embarras sur la fin ; il y a bien de la passion, et de la passion moins folle que celle de *Bérénice* : je trouve cependant, selon mon goût, qu'elle ne surpasse pas *Andromaque*... Croyez que jamais rien n'approchera (je ne dis pas surpassera) des divins endroits de Corneille. »

Mme de Sévigné, *Lettres*, janvier 1672.

« La racine s'ouvrant une nouvelle voie
Alla signaler ses vertus
Sur les débris pompeux de la fameuse Troie,
Et fit un grand sot de Pyrrhus,
D'Andromaque une pauvre bête
Qui ne sait où porter son cœur,
Ni même où donner de la tête,
D'Oreste, roi d'Argos, un simple ambassadeur,
Qui n'agit toutefois avec le roi Pylade
Que comme un argoulet,
Et, loin de le traiter comme son camarade,
Le traite de maître à valet. »

Barbier d'Aucour, *Apollon, vendeur de Mithridate*, 1675.

Au XIXe siècle, les vues se nuancent

« Racine a donné aux marquis de la cour de Louis XIV une peinture des passions, tempérée par l'extrême dignité qui était alors de mode, et qui faisait qu'un duc de 1670, même dans les épanchements les plus tendres de l'amour paternel, ne manquait jamais d'appeler son fils : *monsieur*.
C'est pour cela que le Pylade d'*Andromaque* dit toujours à Oreste : *seigneur* ; et cependant quelle amitié que celle d'Oreste et de Pylade ! »

Stendhal, *Racine et Shakespeare* (chap. 3), 1823.

« Tout ce qu'il y a de dévouement dans l'épouse, de tendresse dans la mère, Racine en a doué Andromaque. Mais il a voulu en même temps que la belle et aimable fille d'Éetion, l'Andromaque aux bras blancs, fût femme, et qu'elle n'ignorât pas la puissance de sa beauté. Elle s'en sert pour se défendre et pour protéger son fils ; c'est de sa vertu même qu'elle apprend l'influence de ses charmes et que lui vient la pensée d'en user. J'appellerais cela une coquetterie vertueuse, si la plus noble de toutes les épithètes pouvait relever le mot de coquetterie. Le détail en est exquis ; c'est la partie la plus touchante du rôle d'Andromaque. »

D. Nisard, *Histoire de la littérature française*, 1844-1861.

Critique moderne : divergences d'interprétation

De nos jours, on ne discute plus de la qualité des œuvres de Racine. Mais les façons de les interpréter peuvent encore donner lieu à de fortes divergences. Cela se perçoit aussi bien dans les recherches des mises en scène au théâtre que dans les travaux des critiques.

Parmi les critiques, diverses approches sont en concurrence. Certaines empruntent à la psychanalyse des notions qu'elles appliquent à la tragédie.

« Le regard racinien est une avidité malheureuse. La satisfaction lui est toujours refusée ; il reste inassouvi. Ce n'est pas sans raison que Racine a repris aux Anciens cette métaphore viscérale : "se rassasier d'une si chère vue". Mais la satiété est impossible. Les yeux cherchent les yeux, et même lorsqu'ils obtiennent la réponse attendue, quelque chose manque. Il faut regarder encore, retourner à cette trompeuse pâture, poursuivre un bonheur qui n'achève jamais d'être conquis. Il faut que les amants se voient et se revoient sans cesse. Les voici liés à la servitude de la **répétition** : recommencement infini, réassurance fragile. Leur bonheur a quelque chose d'une interminable agonie. »

Jean Starobinski, *L'Œil vivant*, Gallimard, 1968.

Roland Barthes entreprend de constituer la « tragédie essentielle » de Racine — méthode vivement critiquée par

R. Picard — et d'en étudier les figures et les situations en recourant à un vocabulaire psychanalytique.

Il esquisse ensuite une dramaturgie organisée autour d'une « relation fondamentale » :

« Que l'on fasse des onze tragédies une tragédie essentielle, que l'on dispose dans une sorte de constellation exemplaire cette tribu d'une cinquantaine de personnages tragiques qui habitent la tragédie racinienne, et l'on y retrouve les figures et les actions de la horde primitive : le père, propriétaire inconditionnel de la vie des fils (Amurat, Mithridate, Agamemnon, Thésée, Mardochée, Joad, Agrippine même) ; les femmes, à la fois mères, sœurs et amantes, toujours convoitées, rarement obtenues (Andromaque, Junie, Atalide, Monime) ; les frères, toujours ennemis parce qu'ils se disputent l'héritage d'un père qui n'est pas tout à fait mort et revient les punir (Étéocle et Polynice, Néron et Britannicus, Pharnace et Xipharès) ; le fils enfin, déchiré jusqu'à la mort entre la terreur du père et la nécessité de le détruire (Pyrrhus, Néron, Titus, Pharnace, Athalie). L'inceste, la rivalité des frères, le meurtre du père, la subversion des fils, voilà les actions fondamentales du théâtre racinien [...]

Le rapport essentiel est un rapport d'autorité, l'amour ne sert qu'à le révéler. Ce rapport est si général, si formel pourrait-on dire, que je n'hésiterai pas à le représenter sous l'espèce d'une double équation :

A a tout le pouvoir sur B

A aime B qui ne l'aime pas. »

Roland Barthes, Sur Racine, Le Seuil, 1963.

Lucien Goldmann, en revanche, considère qu'Andromaque n'est pas pleinement une tragédie :

« Andromaque annonce Phèdre, mais l'annonce seulement car elle n'est jamais prise elle-même par l'illusion de pouvoir vivre dans le monde et de se réconcilier avec lui. Ce qu'elle espère seulement réaliser par sa ruse, ce sont les conditions qui rendraient son refus, non seulement grand, mais aussi **efficace**, le faisant triompher **matériellement** du monde à l'instant même où elle serait écrasée.

C'est pourquoi Andromaque, tout en approchant de très près l'univers tragique, n'y est cependant pas entrée. La différence est sans

doute minime, mais elle existe et dans le monde de la tragédie les différences minimes pèsent autant que les différences les plus grandes. Il n'y a pas, il ne peut pas y avoir d'approche progressive entre l'apparence et l'essence, entre la ruse et la vérité.
Nous avons d'ailleurs un indice du fait que Racine a senti lui-même cet ensemble de problèmes : c'est la différence entre le premier dénouement de l'édition de 1668 et celui des éditions d'après 1673. »

Lucien Goldmann, Le Dieu caché, Gallimard, 1959.

D'autres analyses rattachent *Andromaque* à la représentation des relations entre les humains par la mise en évidence de ce que ces relations ont de truqué, et voient la force tragique dans cette mise en images lucide de ces rapports de force. La pièce est alors à la fois un dévoilement des façons de faire propres à une époque, et un révélateur de ce qui, au-delà, se retrouve dans la trame de tout rapport entre les humains, dévorés du besoin de satisfaire leur ego et inaptes à se donner à un idéal. Par son expérience propre, et singulière, Racine a eu la disposition à détecter ces enjeux, et par sa culture et son intelligence, la capacité de les donner à voir en images :

« Les manières galantes, et la parlure amoureuse en particulier, étaient hautement ritualisées, rituels de sociabilité. Les rituels, Racine connaissait bien. Toute son enfance, chez le grand-père, chez les Sconin, à Port-Royal, puis à Uzès encore, il avait vécu cela ; il avait survécu grâce à cela, grâce à sa faculté à se plier aux rituels, qui contentait ceux qui lui faisaient la charité. Mais les rites galants étaient d'un culte cultivé, qui garde la conscience de lui-même... Et Racine avait pu voir comment dérivaient ceux qui prenaient les rituels au pied de la lettre, qui faisaient de leurs mots et gestes affaire de foi... Dans de tels cas, tout se détraque, la raison ne fait plus mesure, l'ordre social que le rituel doit garantir est menacé. Andromaque est une tragédie de mots galants "pris pour de vrai", et de tous leurs dangers. »

Alain Viala, Racine, la stratégie du caméléon, Seghers, 1990.

Les mises en scène

Si *Andromaque* a beaucoup intéressé la critique, la pièce occupe à cet égard une place un peu moindre que *Phèdre*, notamment ; mais il en va autrement en ce qui concerne les représentations. Avec plus de 300 représentations depuis la création de cette institution, elle est la pièce de Racine la plus jouée à la Comédie-Française. Elle a également donné lieu à un grand nombre de mises en scène ailleurs qu'à la Comédie-Française. Au total, elle se place en tête des pièces de Racine les plus jouées, et Racine lui-même est 9ᵉ au classement des auteurs les plus représentés en France (toutes nationalités confondues) et 2ᵉ, derrière Molière, des auteurs français. *Andromaque* est donc une tragédie vivante aujourd'hui sur scène.

Les styles de mise en scène offrent une grande variété. On peut en citer quelques exemples révélateurs.

Voici un exemple de mise en scène, celle de Pierre Dux à la Comédie-Française en 1964, dont la façon de comprendre l'œuvre a été matière à discussion.

« Ce spectacle, avant d'être donné à Paris, fut présenté au cours d'une tournée en U.R.S.S. Le décor est réduit à un minimum, afin de laisser toute la place au texte : un plateau nu, où une esquisse de spirale à degrés dessine un lieu scénique en forme d'ove. Les costumes évoquent de façon très conventionnelle l'Antiquité, avec une convention tout aussi manifeste des teintes (la sombre Hermione, la claire Andromaque). L'ouverture se fait sur des sonneries de trompette. On joue sans entracte : à la fin de chaque acte, un spot isole le personnage qui dit la dernière réplique et un changement d'éclairage fait l'enchaînement avec l'acte suivant. Le jeu et la diction sont proches de la "comédie bourgeoise" : chaque fois qu'Oreste exprime son amitié pour Pylade, il pose la main sur son bras ou son épaule. Pour le salut final, le rideau se relève sur les quatre protagonistes, qui se tiennent tournés chacun vers celui qu'il poursuit de son amour (la célèbre "chaîne"). Cette mise en scène eut un accueil mitigé. »

Alain Viala, *Racine, théâtre complet*, Garnier, 1980.

Un style tout différent est adopté par des mises en scène comme celles de Jean-Louis Barrault (Théâtre de l'Odéon, 1962) qui met en avant la violence, ou celle de Roger Planchon (T.N.P., 1989), qui souligne dans le jeu des acteurs (et en faisant appel à des comédiens connus du grand public, comme Miou-Miou et Richard Berry) l'affrontement passionnel exacerbé.

Daniel Mesguich, en 1993, essaye de créer un effet mixte de dépaysement et de connivence avec les spectateurs : les costumes évoquent un univers mi-antique, mi-colonial. Et dans le jeu des acteurs, il donne une large place aux attitudes rituelles, mais pour en rompre la tonalité par de soudaines irruptions de signes de désir, là où on ne les attendrait pas : ainsi Andromaque est, à diverses reprises, saisie par des troubles et des soupirs qui disent son désir pour Pyrrhus, dont elle n'a peut-être pas elle-même conscience.

La même année — la comparaison en est plus significative de ce fait même — Marc Favier donnait une mise en scène d'*Andromaque* dans le décor d'un château du XVIIIe siècle (La Motte-Tilly) avec une foule de figurants et dans un style de jeu proche du « Sons et lumières ». Les costumes renvoyaient à ceux des courtisans du Grand Siècle, et le jeu à l'ambiance d'une fête de Cour. Oreste en noir, Pyrrhus en rouge, Hermione en jaune, Andromaque en blanc : les couleurs emblématiques indiquaient les « humeurs » dominantes en chacun des personnages. Et le jeu, très marqué par les rituels courtisans dans une première partie (actes I à III), devenait plus sombre et inquiétant dans la seconde.

Ni pour les mises en scène ni pour les interprétations critiques, il ne saurait être question de trancher en décidant que l'une ou l'autre donne la vérité sur la signification de l'œuvre. Il est plus important de voir comment elle se prête à des « lectures » diverses, qui assurent sa pérennité. Et la célébration du tricentenaire de la mort de Racine, en 1999, atteste que cette vitalité par appropriations multiples reste forte pour l'œuvre de Racine en général, pour *Andromaque* en particulier.

Compléments notionnels

Acteur *(n. m.)*
En français moderne, personne qui joue un rôle ; en français classique, ce mot s'employait pour désigner ce que nous appelons aujourd'hui les « personnages » d'une pièce de théâtre.

Action *(n. f.)*
Ce qui se passe dans une pièce, l'enchaînement des événements.

Adversatif *(adj.)*
Désigne un mot qui marque une opposition. Ex. : la conjonction « mais ».

Alexandrin *(n. m.)*
Vers de douze syllabes ; il comporte en général une coupure (ou césure) en son milieu, qui le divise en deux hémistiches.

Allitération *(n. f.)*
Sonorités semblables reprises dans des mots ou expressions qui se succèdent. Ex. : « Pour qui sont ces serpents qui sifflent sur vos têtes ? » (vers 1638).

Allusion *(n. f.)*
Manière de s'exprimer pour évoquer une personne, une chose ou une idée sans la désigner explicitement (l'allusion est une figure de rhétorique). Ex. : vers 417, Cléone fait allusion à Oreste en employant le pronom indéfini « on », quand elle dit à Hermione : « on vous adore ».

Antithèse *(n. f.)*
Façon de s'exprimer qui met en rapport deux idées, expressions ou mots de sens opposé. Ex. : au vers 368, « aime avec transport », qui évoque un sentiment positif, s'oppose à « haïsse avec fureur », qui en est l'inverse, le négatif.

Bienséance *(n. f.)*
En français classique (mais le mot s'emploie encore de nos jours), il s'agit du respect des règles du bon goût, de la politesse, de la vie en société, de manière à éviter de choquer.

Caractère *(n. m.)*
En français classique, désigne les usages et manières de se comporter des personnages, en fonction de leur situation historique et de leur

position sociale, plus que leurs traits psychologiques (contrairement au sens usuel du français moderne).

Catharsis *(n. f.)*
Mot grec, qui désigne la théorie selon laquelle la tragédie doit provoquer chez le spectateur de fortes émotions de terreur et de pitié, afin que, s'en étant ainsi « purgé » en s'identifiant aux personnages fictifs, il en soit moins troublé dans sa vie réelle.

Confident *(n. m.)*
Dans une pièce de théâtre, et en particulier dans une tragédie, personnage secondaire qui accompagne un protagoniste et jouit de sa confiance : leurs dialogues permettent d'informer le public des pensées et sentiments des protagonistes. Ex. : Céphise est la confidente d'Andromaque.

Crise *(n. f.)*
Moment décisif, brève période de temps où les tensions sont portées à leur point le plus fort.

Démence *(n. f.)*
Folie, perte de la raison.

Dénouement *(n. m.)*
Aboutissement, façon dont se conclut une pièce de théâtre, issue des conflits qui y ont été représentés.

Didascalie *(n. f.)*
Indication de jeu de scène, ou de décor, donnée par l'auteur. Il existe des didascalies explicites, généralement indiquées en italique ou entre parenthèses ; mais il existe aussi des didascalies implicites : ce sont alors les mots prononcés par les personnages qui indiquent un mouvement, une attitude, l'utilisation d'un accessoire, etc.

Dissimulation *(n. f.)*
Comportement consistant à cacher ses vraies pensées ou ses vrais sentiments.

Dramatique *(adj.)*
1. en français classique, désigne tout ce qui se rapporte au théâtre ; 2. en français moderne, a pris aussi le sens de : dangereux, triste, effrayant.

Dramaturgie *(n. f.)*
Art d'écrire des pièces de théâtre.

Enjeu *(n. m.)*
Ce pour quoi se fait l'action ; but que les héros poursuivent, ou objet qu'ils tentent d'atteindre. Ex. : la vie ou la mort d'Astyanax sont un enjeu d'*Andromaque*.

Épique *(adj.)*
Concerne ce qui se rapporte aux exploits accomplis par de grands héros.

Épopée *(n. f.)*
Genre littéraire, long poème qui raconte les exploits des héros et où, en général, les divinités

interviennent pour orienter le sort des humains.

Équivoque *(n. f.)*
Figure de style. Voir « sens propre/sens figuré ».

Esthétique *(adj. ou n. f.)*
Qui concerne le sentiment du beau, la façon de concevoir la beauté.

Euphémisme *(n. m.)*
Façon de parler qui adoucit ce que l'on a à dire, qui minimise (l'euphémisme est une figure de rhétorique). Ex. : au vers 313, Pyrrhus dit seulement « J'ai fait des malheureux », pour évoquer la façon dont il a détruit la cité de Troie.

Exposition *(n. f.)*
Acte ou scène(s) qui, au début d'une pièce, donne(nt) au spectateur les informations nécessaires pour qu'il identifie les personnages et comprenne l'action.

Figure de rhétorique (ou « de style »)
Mot ou expression qui, au lieu de dire les choses de la façon la plus simple et directe, prend une forme détournée, de façon à ajouter une nuance de sens.

Force agissante
Tout personnage, ou toute réalité (sentiment, idéal…) qui contribue (en cherchant à atteindre un but, ou en aidant celui qui le tente, ou en s'y opposant) au déroulement de l'action. Ex. : la jalousie (d'Oreste, d'Hermione) est une force agissante dans *Andromaque*.

Galanterie *(n. f.)*
Attitude esthétique de l'époque de Louis XIV, qui mettait en avant la finesse des manières, ou des façons de s'exprimer, en particulier dans les rapports entre hommes et femmes.

Harmonie imitative
Manière de composer un vers en jouant sur les sonorités, de telle façon que la sonorité d'ensemble évoque l'objet, l'être ou l'idée dont on parle. Ex. : au vers 1638, les sonorités évoquent le sifflement des serpents : « Pour qui sont ces serpents qui sifflent sur vos têtes ? »

Hémistiche *(n. m.)*
Moitié d'un alexandrin.

Héroïque *(adj.)*
Désigne les exploits accomplis par les héros. Le sens s'est étendu ensuite aux actions remarquables de ces personnages.

Héros, héroïne *(n.)*
Les héros étaient, dans la mythologie, de grands personnages, rois, reines et souvent demi-dieux (nés d'un être humain et d'une divinité). Le sens s'est étendu ensuite à tout personnage principal d'une œuvre littéraire.

Ironie *(n. f.)*

Figure de style par laquelle on dit une chose pour faire comprendre qu'on pense le contraire. Ex. : au vers 552, quand Hermione dit à Oreste : « Jugez-vous que ma vue inspire des mépris », elle sait très bien qu'Oreste pense le contraire et en fait elle affirme qu'elle est digne d'être aimée.

Ironie tragique

Procédé fréquent par lequel un auteur fait dire ou faire à des personnages des mots ou des actions qui auront un résultat contraire de celui qu'ils espèrent.

Lamento *(n. m.)*

Poème ou discours (parfois chanté) par lequel un personnage exprime une plainte.

Laudatif *(adj.)*

Élogieux.

Métaphore *(n. f.)*

Figure où l'on emploie un mot à la place d'un autre, avec lequel il a un rapport de sens ; la métaphore se fonde sur une comparaison sous-entendue. Ex. : « feu » est une métaphore amoureuse, qui sous-entend que « l'amour est comme un feu ».

Monologue *(n. m.)*

Moment où un personnage parle seul sur scène (par convention, il est censé se parler à lui-même, réfléchir à haute voix sur ses sentiments, ses idées, etc.).

Mythe *(n. m.)*

Un mythe est un récit dans lequel on relate des faits fictifs mais qui font l'objet d'une croyance.

Mythologie *(n. f.)*

Ensemble des mythes d'une civilisation.

Nœud de l'action

Moment où les événements sont liés entre eux, où chaque décision d'un personnage ne peut qu'avoir des conséquences sur l'ensemble de l'action et en orienter le dénouement.

Oratoire (art)

L'art oratoire est la manière de bien parler, de bien composer et de bien prononcer ses propos.

Pastorale *(n. f.)*

Genre littéraire des XVIᵉ et XVIIᵉ siècles, qui avait pour personnages des bergers (des « pasteurs ») ; en fait, il s'agissait souvent de princes déguisés en bergers), et pour sujet leurs intrigues amoureuses. Ce genre était apprécié des nobles à l'époque de Racine.

Pathétique *(adj.)*

Qui trouble, ou qui est troublé, par une agitation intérieure profonde et douloureuse.

Péjoratif *(adj.)*

Qui dénigre, qui déprécie ; contraire de laudatif.

Péripétie *(n. f.)*
Au sens propre, moment où survient un élément nouveau et imprévu, qui fait basculer la situation des personnages ; retournement soudain de situation.

Protagoniste *(n. m.)*
Celui qui agit au premier plan, personnage principal.

Question oratoire
Figure de rhétorique, où l'on présente sous la forme interrogative une idée qu'en fait on tient à affirmer. Ex. : au vers 850, Hermione affirme qu'elle est transportée de joie en posant la question : « Conçois-tu les transports de l'heureuse Hermione ? »

Rebondissement *(n. m.)*
Conséquence inattendue d'un événement, qui a pour effet de relancer l'action.

Récit *(n. m.)*
1. manière de raconter une histoire (sens général) ; 2. dans une pièce de théâtre, moment où un personnage raconte un événement qui s'est déroulé hors de la scène.

Règles dramatiques
Il s'agit des principes des trois « unités » (de lieu, de temps, d'action), de bienséance et de vraisemblance, que les théoriciens, les auteurs de théâtre de l'époque classique, et le public

avaient en général adoptés et tenaient pour « normaux ».

Réplique *(n. f.)*
Tout propos que prononce un personnage, quelle qu'en soit la longueur.

Revirement *(n. m.)*
Tout changement soudain d'opinion d'un personnage, et ses conséquences.

Rhétorique *(n. f.)*
La rhétorique, ou « art du discours », était une discipline qui enseignait comment trouver ses idées sur le sujet dont on avait à traiter, comment les ordonner selon un plan, et comment utiliser les figures de style pour les exprimer efficacement.

Romanesque *(adj.)*
1. qui appartient au roman ; 2. plus généralement, qui appartient à une fiction riche de surprises ; *Andromaque* est une tragédie à certains égards « romanesque ».

Sens propre/sens figuré
Le sens « propre » utilise un mot dans sa signification usuelle et normale, le sens « figuré » lui donne une signification métaphorique. Ex. : vers 315-316, « yeux » est employé au sens propre quand il est question des larmes que verse Andromaque, et au sens figuré quand les yeux désignent la

beauté. Lorsque le sens propre et le sens figuré sont utilisés dans une même phrase, cela crée une figure de style appelée « équivoque ».

Séquence *(n. f.)*
Scène ou groupe de scènes (et tout fragment d'une œuvre) correspondant à un état précis de la situation.

Structure *(n. f.)*
1. organisation des diverses parties d'un ensemble ; 2. agencement des séquences d'une pièce.

Suspens *(n. m.)*
Moment où l'action s'interrompt, laissant le spectateur dans l'incertitude, lui faisant attendre avec impatience ou inquiétude la suite des événements.

Synecdoque *(n. f.)*
Figure de style consistant à désigner un ensemble par un seul de ses éléments. Ex. : « vos yeux » pour dire « la beauté de votre personne » (vers 315).

Tirade *(n. f.)*
Longue réplique ininterrompue d'un personnage.

Tragédie *(n. f.)*
La tragédie est un genre littéraire (en cinq actes et en vers à l'époque classique, mais qui a eu d'autres formes à d'autres moments) qui met en scène de grands personnages (rois, princes, reines, héros, etc.), qui porte sur un sujet grave, et qui se termine souvent par des morts, et toujours, en tout cas, par un dénouement où les personnages souffrent profondément (en sombrant dans la folie par exemple).

Tragique *(adj. ou n. m.)*
Qui concerne la tragédie. On dit « le tragique » pour exprimer un sentiment général de l'existence où la souffrance et l'idée de fatalité dominent.

Trois unités
Règle du théâtre classique selon laquelle une pièce ne doit développer qu'un seul sujet (unité d'action), doit se dérouler dans un lieu unique (unité de lieu) et ne pas excéder vingt-quatre heures (unité de temps).

Vraisemblance *(n. f.)*
Qualité de ce qui « semble vrai », qui imite le vrai et qui est acceptable comme tel, même si cela n'est pas strictement vrai. Voir « règles dramatiques ».

Vocabulaire des passions

Voici quelques mots-clefs du langage de la passion dans le texte de Racine. Ils sont souvent employés comme des métaphores galantes ; par exemple : « feux » pour « amour ». Sont regroupés ici, de façon à éviter de multiplier les notes explicatives, ceux qui reviennent souvent dans l'œuvre (pour les passages où leur emploi pose un problème de compréhension, on trouvera une note explicative spécifique).

Mais ils permettent aussi un petit exercice révélateur : en observant cette courte liste, on peut voir si ce sont les mots de sens positif (cœur, amant, etc.), ou ceux de sens négatif (ennuis, fureur, etc.) qui sont les plus abondants, et surtout lesquels reviennent le plus souvent... On voit ainsi que, en dépit de tous leurs « soins », les personnages ne respectent pas leur « foi » et sont emportés vers les « fureurs » que provoquent leurs « feux »...

Amant *(n. m.)*
Qui aime (et qui est parfois aimé en retour), sans qu'il y ait pour autant des rapports sexuels. Vers 116, 403, 1482.

Ardeur *(n. f.)*
Par métaphore, le sentiment amoureux et son expression (voir : feu, flamme). Vers 93, 321, 1081, 1293.

Cœur – Courage *(n. m.)*
Ces deux mots sont souvent équivalents en français classique, « cœur » étant employé dans le sens de « courage » (vers 787, 1018, 1239, 1342, 1411, 1475, 1497). Mais le mot « cœur » peut également signifier « amour » (ex. : vers 624) ou encore « pensée, désirs intérieurs » (ex. : vers 1471).

Courroux *(n. m.)*
Colère, et souvent colère extrême, emportement proche de la fureur. Vers 3, 51, 213, 311, 613, 627, 659, 723, 747, 777, 780, 833, 923, 1087, 1199, 1203, 1303, 1407, 1467.

Cruauté *(n. f.)*
En langage galant, désigne l'indifférence sentimentale (vers 507, 556, 643, 763, 825, 887, 1131, 1356, 1397). L'adjectif « cruel » peut être aussi employé dans son sens actuel (vers 740, 863, 1034, 1539, 1556).

Destin *(n. m.)*
Le sort, ce qui doit advenir dans le futur. Vers 200, 383, 482, 516, 539.

Ennui *(n. m.)*
Tourment, peine profonde. Vers 44, 256, 376, 396, 427, 524, 1139, 1403.

Feux *(n. m. plur.)*
Sentiments amoureux (langage galant). Vers 86, 95, 108, 251, 320, 468, 553, 574, 576.

Flamme *(n. f.)*
Amour (langage galant). Vers 40, 629, 865, 918, 1017.

Foi *(n. f.)*
Il ne s'agit pas ici de la foi religieuse mais de la parole donnée, de la fidélité. Vers 437, 462, 819, 1023, 1043, 1075, 1107, 1128, 1138, 1282, 1324, 1381, 1507.

Fortune *(n. f.)*
Le sort, le destin, ce qui oriente le déroulement de la vie des humains selon les volontés des dieux. Vers 2, 441, 829, 913.

Fureur *(n. f.)*
Passion, folie, emportement extrême. Vers 368, 418, 488, 709, 726, 1042, 1061, 1229, 1388, 1641.

Hymen *(n. m.)*
Mariage, dans le langage poétique soutenu (mot archaïque). Vers 80, 124, 667, 755, 806, 837, 965, 1025, 1109, 1241, 1371, 1433, 1487, 1504.

Inhumaine *(n. f.)*
Femme qui repousse l'amour qu'on lui offre (langage galant). Vers 26, 762.

Injure *(n. f.)*
Affront que l'on subit, attitude ou situation blessante (il ne s'agit pas ici de mots injurieux). Vers 422, 1361, 1482.

Rigueur *(n. f.)*
Dureté, cruauté (langage galant). Vers 307, 521.

Soins *(n. m. plur.)*
Souci, attention que l'on porte à quelque chose ou à quelqu'un, précaution que l'on prend ; en langage galant, les attentions qu'on a pour la personne qu'on aime. Vers 62, 195, 244, 310, 321, 501, 879, 944, 1060, 1252, 1457, 1482.

Souffrir *(verbe transitif)*
Accepter, tolérer (vers 261, 339, 711, 1185). Ailleurs, ce mot est employé dans son sens actuel.

Soupirs *(n. m. plur.)*
Expression de l'amour (voyez le mot « soupirant »), en particulier de l'amour ignoré ou repoussé. Vers 40, 912, 1346, 1401.

Transports *(n. m. plur.)*
Mouvements passionnels, sentiments violents. Vers 54, 300, 368, 719, 850, 1394, 1457, 1505, 1646.

Dictionnaire des noms propres

Lorsqu'un personnage, ou un lieu, est souvent mentionné dans la pièce, seul le vers où le nom apparaît pour la première fois est indiqué.

Achille *(vers 146)*
Demi-dieu (fils de la déesse Thétis), roi d'Épire, c'était un guerrier coléreux, mais quasi invincible : selon la légende, il était invulnérable parce que sa mère l'avait, tout petit, trempé dans le fleuve des Enfers ; seul le talon, par où elle le tenait, pouvait être blessé. Achille tua Hector en combat singulier. Pâris, frère d'Hector, le tua d'une flèche au talon et son fils Pyrrhus lui succéda. L'Épire n'avait jamais eu de conflit contre Troie ; donc Achille, puis Pyrrhus n'étaient pas obligés de s'allier aux Grecs ; c'est pour les décider que ceux-ci leur promirent des récompenses, notamment la main d'Hermione à Pyrrhus.

Agamemnon *(vers 178, 274, 1160)*
Père d'Oreste, roi d'Argos, il fut le chef des Grecs dans leur guerre contre Troie.

Argos *(unique mention au vers 190)*
Une des principales cités de Grèce (voir p. 212).

Astyanax *(vers 71, 94, 222)*
Fils d'Hector et d'Andromaque, donc descendant des rois de Troie.

Cassandre *(vers 190)*
Fille de Priam et d'Hécube, princesse troyenne, qui avait le don de prédire l'avenir ; elle avait prévu la chute de Troie.

Épire *(vers 12)*
Région au nord-ouest de la Grèce (voir p. 212). Elle s'étend jusqu'à la frontière yougoslave et l'Albanie actuelle.

Grèce, Grecs *(vers 10, 89)*
Désignent en fait l'ensemble des petits royaumes qui couvraient la Grèce archaïque, et l'alliance que leurs peuples avaient formée contre Troie.

Hector *(vers 71)*
Fils de Priam, mari d'Andromaque et général en chef des Troyens. Il résista longtemps avec succès aux Grecs, avant d'accepter un duel avec Achille, où il fut tué.

Hécube *(unique mention au vers 189)*
Femme de Priam, reine de Troie.

Hélène *(vers 245)*
Femme de Ménélas, mère d'Hermione. Elle était d'une

grande beauté. Elle fut séduite et enlevée par Pâris, prince troyen, ce qui déclencha la guerre de Troie (voir p. 215).

Ilion *(vers 330 et 564)*
Nom grec de la ville de Troie.

Ménélas *(vers 41)*
Roi de Sparte (voir p. 212), frère d'Agamemnon, époux d'Hélène et père d'Hermione.

Phrygie
(unique mention au vers 313)
Territoire d'Asie Mineure, arrière-pays de Troie (voir p. 212).

Polyxène
(unique mention au vers 1338)
Fille de Priam et d'Hécube, elle avait été promise à Achille ; après la mort de ce dernier, Polyxène se trouva prisonnière de Pyrrhus qui, obéissant à un oracle, la sacrifia au souvenir de son père.

Priam *(vers 207)*
Roi de Troie et père d'Hector. Il fut tué par Pyrrhus lors de la prise de la ville.

Troie *(vers 72)*
Cité d'Asie Mineure, située sur la côte sud de l'Hellespont (détroit des Dardanelles). Les légendes disaient que ses rois descendaient d'un fils de Zeus, et que ses remparts avaient été construits par Poséidon. Le roi Priam, qui eut cinquante fils et douze filles, régnait quand éclata la guerre avec les Grecs (voir p. 215).

Ulysse *(vers 74)*
Roi d'Ithaque (voir p. 212), et l'un des chefs grecs contre Troie, réputé pour sa ruse : il inventa le stratagème du « cheval de Troie », grande statue de bois où il se cacha et d'où il surprit les Troyens quand ceux-ci, croyant les Grecs en fuite, ouvrirent les portes de leur ville (voir p. 218).

Carte du monde grec mythique

Mythologie
et tragédie

Les classiques
et leurs classiques

La tragédie d'*Andromaque* (comme diverses autres dans
l'œuvre de Racine et dans la littérature du XVIIᵉ siècle, et même
dans la littérature en général) ne prend tout son sens que si on
la situe par rapport à la mythologie grecque. Elle fait sans
cesse référence à la guerre de Troie, événement en partie
mythique et en partie historique. Mais elle contient aussi de
très nombreuses références à la légende des Atrides.

Le monde de la mythologie antique nous est beaucoup moins
familier, à nous, gens du XXᵉ siècle finissant, qu'il ne l'était
aux gens cultivés du XVIIᵉ siècle. À cette époque, les études se
faisaient en latin, et les élèves des collèges (l'enseignement
secondaire), en étudiant leurs « humanités », lisaient en particulier *L'Énéide* de Virgile (v. 70-19 av. J.-C.), qui parle des
suites de la guerre de Troie ; Racine cite cette œuvre dans ses
préfaces (voir p. 36 et 39). Ils lisaient aussi, traduits en latin
ou en français, les ouvrages des poètes et des dramaturges
grecs. Les plus instruits (ceux qui, comme Racine, avaient
appris le grec) les lisaient dans le texte original. Or, dans ces
collèges, on n'enseignait pas la littérature française ou les littératures étrangères : toute la culture littéraire était donc
« antique ». Les mythes, les dieux, les héros étaient des références aussi usuelles que le sont pour nous les comédies de
Molière…

Il ne faudrait pas croire, cependant, qu'ils en avaient une
vision naïve. Dans les mentalités de l'époque classique, la
mythologie grecque était perçue de façon complexe. La littérature était alors étudiée comme un moyen d'apprendre la
rhétorique (l'art de bien s'exprimer), de connaître l'histoire et
d'en tirer des leçons de morale. Les gens cultivés faisaient la
distinction entre l'histoire, fondée sur des faits vrais, et la

mythologie, qu'ils appelaient la fable ; c'est-à-dire qu'ils en voyaient bien le caractère fictif, « fabuleux ».

Le sens des symboles

Mais on respectait les auteurs anciens, on les prenait pour modèles, et on considérait les récits mythologiques comme des histoires symboliques, où les forces qui peuvent peser sur le sort des hommes sont représentées. C'est avec cette conscience de la symbolique des mythes que les écrivains classiques discutaient des sources de leurs œuvres, et de leurs personnages, aussi sérieusement que s'il s'était agi de faits strictement historiques.

Et puis, dans le cas de la guerre de Troie, les choses étaient encore plus complexes. Les éléments historiques et les récits mythiques autour de cet événement s'enchevêtrent, à tel point que distinguer les deux est parfois presque impossible. Et pour corser l'affaire... il existait une tradition légendaire qui faisait descendre les Français, et leurs rois, des survivants de Troie !

La guerre de Troie

Que s'était-il passé exactement ?

Exactement, on ne le sait pas vraiment... Ce dont on est sûr, grâce à des fouilles archéologiques, c'est qu'il a existé sur la côte méridionale des Dardanelles (là où les récits antiques situent la ville de Troie) une puissante ville fortifiée. Vers 1300 av. J.-C., elle fut détruite par un tremblement de terre. Ses habitants la rebâtirent aussitôt ; elle fut alors, malgré tout, moins opulente que dans son état précédent. Au même moment, la Grèce était dominée par un peuple, les Achéens, dont la capitale principale était Mycènes (d'où le nom de civilisation mycénienne), ville aux remparts gigantesques. Sous son impulsion, les Grecs créèrent diverses colonies, entre autres sur la côte d'Asie Mineure (voir p. 212). Ce fut à cette occasion qu'ils eurent sans doute, au cours du XIIIe siècle av. J.-C., une guerre avec Troie, qui leur résistait. C'est de l'époque mycénienne que datent la plupart des grandes légendes archaïques de la Grèce.

Comme on peut le constater, ces données historiques fournis-
sent un cadre qui convient assez bien à l'histoire de la guerre
de Troie. D'un côté, le monde grec : il est composé de petits
États, rassemblés en une confédération autour du royaume de
Mycènes. Or Agamemnon, le roi des rois grecs, était roi
d'Argos et de Mycènes. Face aux Grecs : Troie, puissante cité
asiatique, comptant des alliés dans son arrière-pays. Un conflit
éclate entre les conquérants grecs et l'indépendance troyenne.
Il semble que ce conflit archaïque ait donné lieu, pendant plus
de cinq siècles, à des récits transmis par la tradition orale, et
plus ou moins amplifiés et enrichis de détails symboliques. Ce
n'est qu'ensuite qu'ils furent repris et organisés en poèmes par
Homère, dans *L'Iliade* (récit de la guerre de Troie, la ville étant
nommée Ilion par les Grecs) et *L'Odyssée* (qui raconte le diffi-
cile retour chez lui d'un des héros, Ulysse).
Faisons le bilan : historiquement, une guerre des Grecs contre
Troie a sans doute bien eu lieu ; mais la poésie et la légende en
ont fait le récit tel que nous pouvons le reconstituer aujour-
d'hui, tel que l'avaient, déjà, reconstitué les hommes des
XVIᵉ et XVIIᵉ siècles.

Les mythes et les épopées homériques

Au IXᵉ siècle av. J.-C., Homère reprit donc l'ensemble de ces
récits. Plusieurs problèmes se posent à son sujet. D'abord, on
n'est pas sûr que les deux épopées soient du même auteur...
Ensuite, certaines légendes disent qu'il était aveugle.
Mais il semble bien que ce qui a permis d'organiser ces récits
soit, à cette époque, l'invention de l'écriture selon l'alphabet
grec. Jusque-là, en effet, les aèdes (poètes et récitants) se trans-
mettaient leurs œuvres de façon orale seulement. Or *L'Iliade*
compte 15 000 vers, *L'Odyssée* 12 000, et leur composition
est complexe : les événements ne s'y suivent pas dans l'ordre
chronologique, il y a des retours en arrière... On peut se
demander si le travail de la mémoire orale aurait pu stabiliser
ces textes. Ceux-ci semblent donc bien avoir pris leur forme
définitive grâce à l'écriture. Il faut ajouter aussi que, selon
toutes les apparences, Homère vivait dans les colonies

grecques d'Asie Mineure : il avait donc une connaissance
directe ou indirecte des lieux et d'une nature qui ressemblaient
à ceux qu'évoque *L'Iliade*.

Or les aristocrates de ces colonies étaient très intéressés par ces
récits qui retraçaient les origines lointaines de l'installation des
Grecs en Asie. Ces poèmes mêlent donc les mythes, les
légendes et le réalisme.

L'Iliade ne raconte pas toute la guerre de Troie : elle retrace un
conflit entre les deux principaux chefs des Grecs. Mais, à partir de cet épisode, diverses allusions permettent de reconstituer
l'ensemble de l'aventure. On peut en résumer l'essentiel de la
façon qui va suivre...

Pâris et Hélène

Pâris, fils de Priam, le roi de Troie, est un jour sollicité par
trois déesses pour qu'il leur décerne un prix disant laquelle est
la plus puissante. Il choisit Aphrodite, déesse de l'Amour. Pour
le récompenser, elle lui promet de rendre amoureuse de lui la
plus belle femme du monde. Celle-ci s'appelle Hélène, et est
l'épouse de Ménélas, le roi de Sparte. Pâris se rend donc à
Sparte, et Hélène accepte de le suivre.

Ménélas va alors demander l'aide de son frère Agamemnon, roi de Mycènes et d'Argos, le plus puissant des Grecs.
Agamemnon rend visite à chacun des rois grecs, et leur demande leur alliance. Tous acceptent. Il obtient même l'alliance
d'Achille, roi de Thessalie et d'Épire, guerrier réputé invincible. Mais une fois l'armée rassemblée, la flotte prête à partir,
ceux des dieux qui sont favorables aux Troyens font régner un
calme plat des vents. Ils exigent qu'Agamemnon offre en sacrifice sa fille Iphigénie pour que les vents reprennent.
Agamemnon, dévoré d'ambition, accepte ; et la flotte cingle
vers Troie.

Dix ans de siège

Les Grecs rencontrent une sanglante résistance : conduits
par Hector, fils de Priam, les Troyens semblent même
capables de l'emporter. Alors, les Grecs organisent le blocus
de la cité : ils installent leur flotte près de la ville, au bord de

la plage, protégée par une palissade. Ainsi Troie ne peut plus recevoir de ravitaillement par mer. De plus, les Grecs lancent des razzias dans l'arrière-pays, pour empêcher le ravitaillement par voie de terre. De leur côté, les Troyens font des sorties. Au cours de l'une d'elles, Hector force la palissade qui protège les bateaux, en incendie plusieurs, et oblige les autres à fuir.

Le siège dure ainsi neuf ans, sans victoire décisive de l'un ou l'autre camp. Au cours des combats, les dieux se mêlent à la bataille, dit la légende. Aphrodite et Apollon favorisent les Troyens. Héra, épouse de Zeus, dieu des dieux, hésite… Cette affaire aurait donc pu durer indéfiniment.

Puis, tout s'accélère, la dixième année. Quand les Grecs font des razzias, ils se partagent le butin et les prisonnières par tirage au sort (on tue les hommes). Agamemnon reçoit ainsi comme captive une jeune femme appelée Chryséis, fille d'un prêtre troyen du temple d'Apollon. Ce dieu, pour se venger, envoie la peste sur l'armée grecque. Pour le calmer, Agamemnon doit alors rendre la fille. Mais il demande, en compensation, une autre captive, Briséis, qui a été donnée à Achille. La déesse Athéna oblige Achille à céder. Furieux, celui-ci se retire sous sa tente et refuse dorénavant de se battre. C'est cette dispute des chefs qui constitue l'élément principal du récit de *L'Iliade*.

Le dénouement de la guerre

Privés de leur meilleur combattant, les Grecs sont sur le point d'être vaincus par le Troyen Hector. Patrocle, ami d'Achille, supplie alors celui-ci pour que, à défaut de se battre, il lui prête au moins ses armes. Mais Hector tue Patrocle. Achille, pour venger son ami, défie Hector et le tue à son tour.

Après quoi, Pâris tue Achille. Agamemnon, pour le remplacer, fait appel à son fils Pyrrhus, à qui on promet la main d'Hermione. Les Grecs, sur le conseil d'Ulysse, font semblant de fuir en laissant un immense cheval de bois où sont cachés leurs guerriers les plus audacieux. Les Troyens ouvrent leurs portes, sont pris par surprise, et leur ville est détruite. On tue les hommes et les enfants mâles, on tire au sort la répartition des captives : c'est ainsi qu'Andromaque échoit à Pyrrhus.

Un peu plus tard...

Le retour des Grecs dans leur pays donne lieu à une autre série de tristes aventures. Ulysse met dix ans à regagner son royaume, Ithaque : *L'Odyssée* raconte son périple. Agamemnon, lui, connaît un sort terrible. Pendant qu'il assiégeait Troie, sa femme Clytemnestre, pour se venger du sacrifice de leur fille Iphigénie, a pris pour amant le cousin de son époux, Égisthe, et lui a donné le pouvoir : quand Agamemnon revient, ils l'assassinent en cachette. Pendant ce temps, leur fils Oreste, désespéré qu'on ait donné Hermione à Pyrrhus, est parti lui aussi pour l'Asie. Il y cherche des aventures périlleuses, comme pour se suicider, mais revient vivant. Il apprend le meurtre de son père, mais ne comprend pas tout de suite qui sont les coupables. Plus tard, il les découvrira, et, avec l'aide de sa sœur Électre, il les tuera à son tour (mais, quand Racine imagine qu'Oreste est envoyé en ambassadeur auprès de Pyrrhus, il n'a pas encore accompli ce crime). Hélène, elle, rentre à Sparte auprès de son époux Ménélas...

Voilà quel ensemble de traditions et de récits les gens du XVIIᵉ siècle avaient présents à l'esprit, et à partir de quoi Racine construit sa pièce, avec quelques inventions (voir p. 182).

Nos ancêtres les Troyens

Les épopées homériques furent largement diffusées dans toute l'Antiquité. À Athènes, au moment de la puissance de cette cité, des dramaturges en tirèrent des tragédies (voir p. 182). À Rome, au Iᵉʳ siècle av. J.-C., au moment où l'Empire atteignait sa plus grande puissance, le poète Virgile s'en inspira pour composer à son tour une épopée : *L'Énéide*.

Il imagine que quelques survivants de Troie, sous la conduite du jeune prince Énée, réussirent à s'enfuir : après un long périple en Méditerranée, ils parvinrent dans la péninsule italienne, où ils fondèrent une nouvelle civilisation. Les Romains seraient donc de lointains héritiers des Troyens !... Et, quand

Rome conquit à son tour la Grèce, ce n'aurait été au fond qu'une revanche.

Mais il y a encore mieux. Quelques poètes français, dont Ronsard, imaginèrent qu'une petite colonie de ces survivants donna, au bout de bien des siècles, un prince nommé Francus, qui fut à l'origine de la lignée des rois de France. Ainsi, par le jeu des légendes, on pouvait laisser entendre que ces quelques Troyens sauvés à la fin d'*Andromaque* étaient peut-être des ancêtres de la monarchie française !... On voit quel espace une telle pièce ouvrait aux plaisirs de l'imagination pour les gens cultivés de l'époque.

La malédiction des Atrides

Des frères ennemis

Le seul nom d'Oreste ouvrait encore bien d'autres perspectives. Revenons à l'histoire de Mycènes.

Selon les légendes, cette ville aurait été fondée par un demi-dieu : Persée. Pour en construire les remparts, il avait appelé à l'aide des Cyclopes (êtres fabuleux pourvus d'un œil unique au milieu du front). Après Persée, règnent deux de ses fils, puis son petit-fils Eurysthée : c'est ce roi qui impose à Hercule l'épreuve de ses douze « travaux » (exploits), en échange de quoi il lui promet sa fille et son royaume. Mais il ne tient pas parole. Il meurt sans descendance. Se pose donc le problème de sa succession.

Il y a dans sa parenté Pélops (héros qui donna son nom au Péloponnèse). Celui-ci a deux fils : Atrée et Thyeste. Ils se portent tous deux candidats au trône de Mycènes. Le peuple choisit Atrée. Mais celui-ci n'a pas d'enfants. Pour ne pas céder le trône à son frère Thyeste qui, lui, en a, il imagine alors un stratagème horrible.

Le festin de Thyeste

Atrée invite son frère à un festin qui doit marquer la fin de leur rivalité. Mais, en secret, il enlève deux des enfants de Thyeste, les fait tuer, ordonne qu'on prépare leurs corps sous forme de petits morceaux de viande cuisinée, et les sert à son frère. Celui-ci découvre, mais trop tard, l'horrible vérité de ce festin anthropophagique. Thyeste est chassé de la ville, mais lance sa malédiction sur son frère.

Ensuite, Atrée a lui aussi des fils : Agamemnon, et Ménélas, qui sera roi de Sparte. Quand Atrée meurt, Thyeste revient et prend le pouvoir. Agamemnon, que sa mère a mis à l'abri, revient à son tour, une fois adulte, tue Thyeste et s'empare du trône.

Survient alors l'épisode de la guerre de Troie, puis l'assassinat d'Agamemnon par Clytemnestre et Égisthe (fils survivant de Thyeste), enfin la vengeance d'Oreste et d'Électre qui tuent ces derniers. La malédiction que Thyeste a jetée sur les descendants d'Atrée se vérifie. Oreste, torturé par les remords de son crime, devient fou. Son fils Tisaménos lui succède. Mais il n'est alors qu'un adolescent. Aussi les descendants d'Hercule (*Héraklès* en grec), les Héraclides, l'attaquent, le tuent, et prennent le royaume dont le roi Eurysthée avait jadis privé leur ancêtre.

Ainsi s'achève la lignée des Atrides, marquée par la folie meurtrière entre membres de la même famille. Selon les légendes, Hercule est fils de Zeus et d'une mortelle : et ce serait Zeus qui, outré de voir son descendant privé d'un royaume qu'il méritait, aurait provoqué la malédiction des Atrides.

La fatalité

On voit bien là le symbole que les gens de l'époque classique trouvaient dans ces récits mythiques : la fatalité, c'est-à-dire l'effet des crimes des ancêtres qui retombent sur leurs descendants, les dieux étant les forces surnaturelles qui ont poussé les anciens héros à ces crimes. Ainsi, quand Oreste dit qu'il « se livre en aveugle au destin qui [l']entraîne », les spectateurs du XVIIᵉ siècle entendaient l'écho du mythe des Atrides, où Oreste est condamné par avance, sans le savoir et sans pouvoir s'en défendre, au meurtre et à la folie. C'est cette « fatalité » qui, le poussant à se faire désigner comme ambassadeur auprès de Pyrrhus dans le seul but d'enlever Hermione, déclenche toute l'intrigue de la pièce.

L'effet de l'ironie tragique, que les « honnêtes hommes » du XVIIᵉ siècle appréciaient tant, réside en ceci : le héros croit agir selon sa volonté, et il est en fait le jouet d'une malédiction dont il n'a pas conscience.

Cruauté et galanterie

Le monde des mythes est un monde cruel. On s'y attend à des rapports de violence. Et celle-ci est présente : menace sur un enfant, chantage pour un mariage, assassinat, suicide. Pyrrhus, fils du plus violent des guerriers, est lui-même emporté, agressif, menaçant, téméraire.

Mais l'intelligence de Racine a été de faire un alliage entre cette violence des mythes, qui crée une atmosphère de frayeur, où des dangers inéluctables pèsent sur tous les personnages, et le langage amoureux. En utilisant le vocabulaire, le ton et les procédés de la galanterie (voir p. 14), il adapte les mythes au goût de son temps. Cela crée une ambiguïté qui enrichit le sens de toute la pièce : même quand ils parlent le langage raffiné, élégant, de la passion amoureuse, des sentiments tendres, les personnages expriment la violence qui est attachée à leur sort ; leurs métaphores de tendresse manifestent la fatalité qui les poursuit.

À cela s'ajoute le rôle particulier d'Andromaque : femme, captive, dépourvue de toutes forces, elle est déchirée entre sa fidélité à Hector et le désir de sauver son enfant. Elle est pathétique. Or les dames de la bonne société, qui fréquentaient les théâtres dans les années 1660, aimaient que le spectacle leur fasse venir les larmes aux yeux.

La palette de l'esthétique racinienne est donc diverse : violence des symboles mythiques évoqués, angoisse créée par la fatalité, élégance du langage, sensation forte provoquée par le dénouement sanglant, intelligence de l'ironie tragique, sensibilité touchée par l'apitoiement.

Voici pourtant une pièce qui finit presque bien ! Car si les héros torturés et violents (Pyrrhus, Hermione, Oreste) sont tués, se suicident, deviennent fous, Andromaque et Astyanax survivent : Troie semble renaître de ses cendres. Dans ce sinistre tableau final, subsiste ainsi une touche d'espoir...

Édition

• *Racine, théâtre complet*, annoté par J. Morel et A. Viala, Bordas, coll. « Classiques Garnier », 1980. On pourra consulter notamment le « Dossier » final à propos des mises en scène d'*Andromaque* et des querelles de critiques.

• *Théâtre* de Racine dans la collection de la Pléiade vient d'être refaite par G. Forestier (Gallimard, 1999) et donne une information érudite la plus à jour qui soit.

Racine, sa carrière, son esthétique

• R. Barthes, *Sur Racine*, le Seuil, 1963 (rééd. en coll. « Points Seuil »).

• L. Goldmann, *Le Dieu caché*, Gallimard, 1959.

• M. Gurwirth, *Jean Racine, un itinéraire poétique*, Klincksieck, 1970.

• C. Mauron, *L'Inconscient dans l'œuvre et la vie de Racine*, Ophrys, 1957.

• R. Picard, *La Carrière de Jean Racine*, Gallimard, 1961.

• A. Viala, *Racine, la stratégie du caméléon*, Seghers, 1990.

Milieu littéraire et genre tragique

• P. Bénichou, *Morales du Grand Siècle*, Gallimard, 1948 (rééd. en coll. « Folio essais »).

• C. Delmas, *La Tragédie de l'âge classique*, Seuil, 1994.

• J. Morel, *La Tragédie*, A. Colin, 1964.

BIBLIOGRAPHIE

- J. Truchet, *La Tragédie classique en France*, P.U.F., 1975.
- A. Viala, *Naissance de l'écrivain*, Éditions de Minuit, 1985.
- A. Viala (sous la direction de), *L'Esthétique galante*, Société de littérature classique (Toulouse), 1990.

Ce que Racine est devenu dans l'histoire...

- J.-J. Roubine, *Lectures de Racine*, A. Colin, 1971.

CRÉDIT PHOTO : p. 7,,"Ph. © Anderson-Viollet. / T." • p. 17,,"Ph. © Giraudon. / T." • p. 32,,"Et reprise page 8. Ph. © Harlingue Viollet. / T." • p. 38,,"Ph. © Giraudon. / T." • p. 43,,"Ph. © Hachette. / T." • p. 59,,"Ph. © Agence de Presse Bernand. / T." • p. 73,,"Ph. © Agence de Presse Bernand. / T." • p. 86,,"Ph. © A.D.A.G.P. / MusÈe de la Poste. / T." • p. 105,,"Ph. Coll. Roger Pic. / T." • p. 110,,"Ph. © Roger- Viollet. / T." • p. 112,,"Ph. © Enguérand. / T." • p. 116,,"Ph. © Agence de Presse Bernand. / T." • p. 136,,"Ph. © Agence de Presse Bernand. / T." • p. 150,,"Ph. © Agence de Presse Bernand. / T." • p. 151,,"Ph. © Bulloz. / T." • p. 189,,"Ph. © Archives Larbor. / T." • p. 191,,"Ph. © Roger Viollet, Coll. Viollet. / T." • p. 212,,"Et page 213. Carte : Laurent Faye."

Direction de la collection : Pascale MAGNI.
Direction artistique : Emmanuelle BRAINE-BONNAIRE.
Responsable de fabrication : Jean-Philippe DORE.

Compogravure : P.P.C. – Impression : MAME. N° 99032160. Dépot légal 1re édition : août 1998. Dépôt légal : avril 1999. N° de projet : 10066210 - (III) - 80°.